Jahreszeiten-Tische

Jahreszeiten-Tische

Anregungen für die Gestaltung
des Jahreslaufs in der Familie

von Marjolein van Leeuwen
und Jos Moeskops

Verlag Freies Geistesleben

Übersetzung: Frank Berger
Die holländische Originalausgabe erschien 1990 unter dem Titel
«De seizoenentafel» bei Uitgeverij Christofoor, Zeist

Die Deutsche Bibliothek – CIP-Einheitsaufnahme

Leeuwen, Marjolein van:
Jahreszeitentische: Anregungen für die Gestaltung des Jahreslaufs
in der Familie / von Marjolein van Leeuwen und Jos Moeskops.
[Übers.: Frank Berger]. – 5. Auflage –
Stuttgart: Verlag Freies Geistesleben, 1995

Einheitssacht.: De seizoenentafel ‹dt.›

ISBN 3-7725-0940-1

NE: Moeskops, Jos:; GT

5. Auflage 1995

Fotos: Frits Dijkhof.
Illustrationen: Ronald Heuninck.

Deutsche Ausgabe: © 1990 Verlag Freies Geistesleben GmbH, Stuttgart.
Gedruckt in den Niederlanden

Inhalt

Zur Einführung

Der Jahreszeiten-Tisch ist ein Platz im Haus, an dem der Jahreskreislauf miterlebt werden kann. Was draußen geschieht, wird drinnen zum Ausdruck gebracht. Die Figuren des Jahreszeiten-Tisches weisen im Bilde auf das Wesentliche im Naturgeschehen hin. Durch die aufmerksame Pflege des Jahreszeiten-Tisches nimmt man auch draußen in der Natur immer mehr wahr. So kann es sogar richtig spannend werden, durch den ganzen Jahreslauf hindurch den Jahreszeiten-Tisch zu gestalten und sich dabei immer wieder zu fragen: Wie kann ich etwas Passendes für jede Jahreszeit finden?

Dieses Suchen führt auf jeden Fall zu einer Möglichkeit, mit dem großen Rhythmus mitzuleben, der durch Frühlings-Tag-und-Nacht-Gleiche, Mittsommer, Herbst-Tag-und-Nacht-Gleiche, Mittwinter usw. gekennzeichnet wird. Indem man sich nicht vom Strom der Zeit einfach mitnehmen läßt, kann der Jahresrhythmus bewußt erlebt werden, und das schafft innere Ausgeglichenheit.

Für kleinere Kinder ist es noch schwierig, sich klar vorzustellen, was sich in der Natur abspielt. Dennoch kennen sie unbewußt die Gesetze der Natur. Dadurch, daß wir auf dem Jahreszeiten-Tisch durch Formen und Farben die Umgebung von draußen hereinholen, rufen wir in ihnen etwas wach, was sich nicht so leicht mit Worten beschreiben läßt. Wir nehmen an ihnen eine Art Freude des Wiedererkennens wahr. Die größeren Kinder können bereits selber beim Sammeln von schönen und geeigneten Naturgegenständen für den Jahreszeiten-Tisch mithelfen. Oft wird in der Schule oder zu Hause etwas gebastelt, was einen Platz darauf verdient. Die großen Kinder und die Erwachsenen empfinden ein geringeres Bedürfnis nach einer Darstellung in der Form von kleinen Figuren und Püppchen. Ein Tuch, eine Vase mit Zweigen oder Blumen der jeweiligen Jahreszeit, ein Kunstdruck oder ein schöner Stein genügen hier schon.

Hält man Ausschau nach einer Stelle, die für den Jahreszeiten-Tisch geeignet ist, zeigt sich oft, daß es bereits einen Ort gibt, wo besondere Gegenstände usw. aufgestellt werden. Natürlich kann man auch ein Tischchen oder Fach für den besonderen Zweck freimachen. Jedenfalls ist es empfehlenswert, einen festen Ort dafür zu wählen, denn das gibt den Kindern Geborgenheit.

Die Grundausstattung des Jahreszeiten-Tisches

Zur Grundausstattung des Jahreszeiten-Tisches gehören weichfließende Stoffe, zum Beispiel Schaufenster-Flanell, Samt oder Seide, deren Maße je nach persönlichem Geschmack und vorhandenen Gegebenheiten variieren können: kleiner oder größer, straffe oder eher lockere Falten, je nach Art des Tisches. Man kann den Stoff entweder nur auf den Tisch legen oder ihn auch als Hintergrund benutzen. In diesem Falle zieht man den Stoff an einer Stelle etwas in die Höhe und fixiert ihn z.B. mit einem Faden, der weiter oben irgendwo befestigt wird. So kann man die Höhe des Hintergrundes je nach Jahreszeit nach Belieben variieren.

Der Himmel kann aus einem ringsherum umsäumten Stück Stoff angefertigt werden. Durch

Abb. 1: Montageröhre im Saum; die Enden der Schnur hinter dem Stoff abbinden

diesen Saum, der ausreichend breit sein muß, wird dann ein elastisches Montagerohr, wie es für die Verlegung elektrischer Leitungen benutzt wird, hindurchgeschoben, welches von einer straff gespannten Schnur in einem Bogen gehalten wird (Abb. 1).

Man kann innerhalb des Aufbaus Höhenunterschiede herstellen, indem man Bauklötze oder ähnliches unter den Stoff legt.

Die Farben des Unter- und Hintergrunds drücken die jeweilige Stimmung einer Jahreszeit aus und sind daher sehr wichtig. Man vergleiche dazu die verschiedenen Abbildungen in diesem Buch. Der Farbenkreis (Abb. 2) kann hier eine Hilfe sein.

Im Lauf der Zeit gesammelte Steine, Baumwurzeln und -stümpfe sowie Vasen verschiedener Größe sind beim Herrichten des Jahreszeiten-Tisches sehr praktisch.

Vom Umgang mit dem Jahreszeiten-Tisch

Die in diesem Büchlein abgebildeten Jahreszeiten-Tische sind eigens für diesen Zweck hergestellte Arrangements, in denen sich bestimmte Momente des Jahreslaufes widerspiegeln. Zu Hause sieht das alles meistens ganz anders aus, das Ganze ist dort mehr in Bewegung und improvisiert. Regelmäßig kommt da etwas Neues hinzu, oder es verschwindet auch etwas vom Tisch. Die Anleitungen sind auch als Anregung für die eigene Phantasie gedacht.

Es gehört zur Erlebnisweise der Kinder, daß sie die Gegenstände des Jahreszeiten-Tisches anfassen und verschieben möchten. Die Püppchen

8

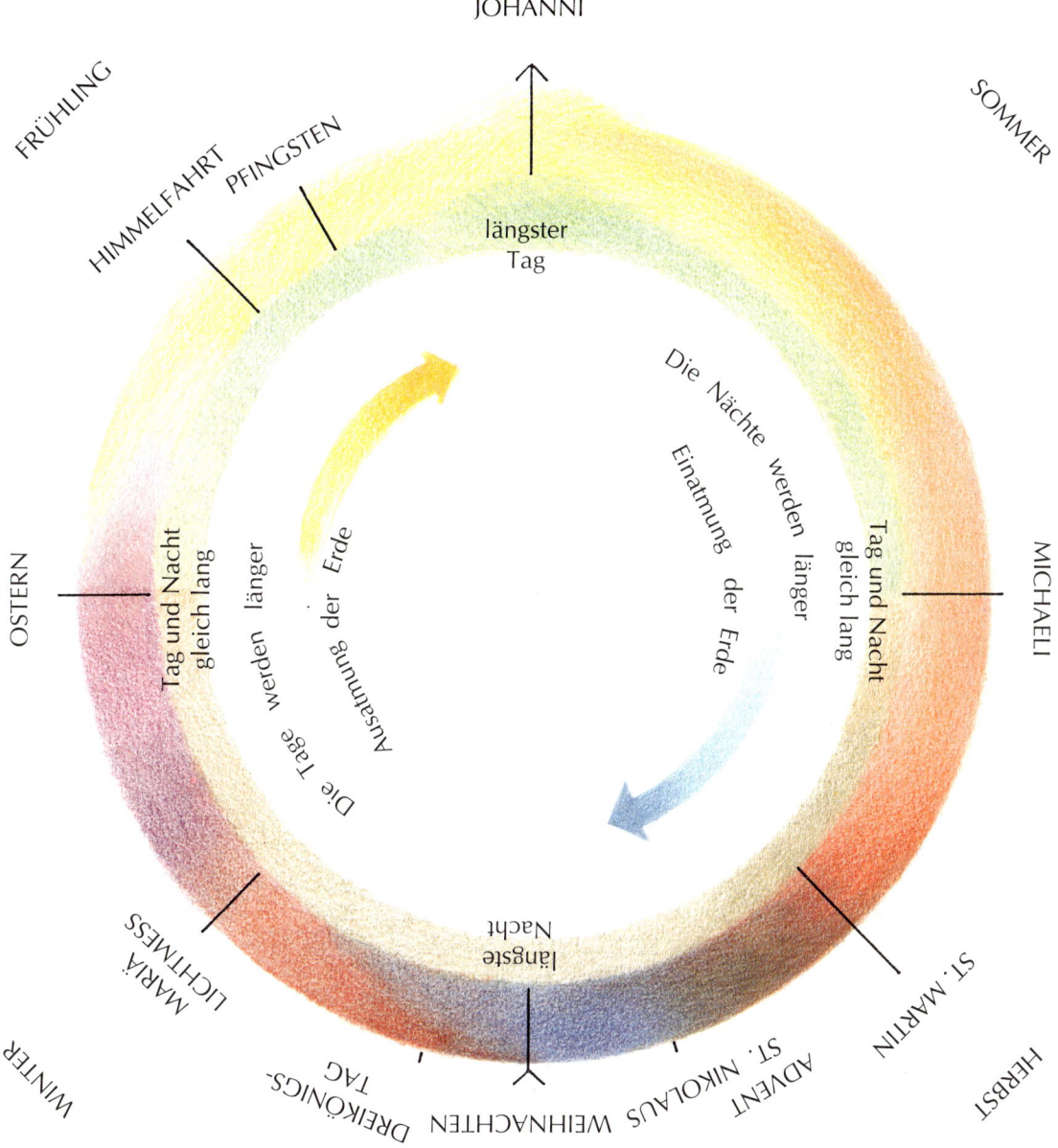

JOHANNI

FRÜHLING

SOMMER

HIMMELFAHRT

PFINGSTEN

längster
Tag

Die Nächte werden länger

Einatmung der Erde

OSTERN

Tag und Nacht
gleich lang

Tag und Nacht
gleich lang

MICHAELI

Die Tage werden länger

Ausatmung der Erde

längste
Nacht

MARIÄ
LICHTMESS

DREIKÖNIGS-
TAG

ADVENT

ST. NIKOLAUS

WEIHNACHTEN

ST. MARTIN

HERBST

WINTER

9

Abb 2: Farbkreis für den Jahreslauf

sind im allgemeinen nicht dafür bestimmt, vom Tisch heruntergenommen zu werden, so daß mit ihnen gespielt werden kann. Doch bei uns zu Hause ist es so, daß Maria und Joseph, ohne daß ein Erwachsener etwas dazu beiträgt, langsam zum Stall wandern, um dort an Weihnachten anzukommen. Dafür sorgen schon die Kinder.

Am Anfang sind natürlich noch nicht alle Figuren fertig, die man gerne dabei hätte. Mutter Erde ist die zentrale Figur. Sie kann das ganze Jahr hindurch auf dem Jahreszeiten-Tisch anwesend sein.

Andere, gekaufte Dinge dürfen natürlich auch einen Platz auf dem Jahreszeiten-Tisch einnehmen, wie z.B. hölzerne Tierfiguren, Krippenfiguren aus Gips, Eier, ein geschliffener Kristall, ein Kerzenhalter, eine Farbpostkarte oder ein Kunstdruck. Blumen sollten regelmäßig gewechselt werden – das sorgt auch für Abwechslung.

Der Tisch wird der jeweiligen Jahreszeit angepaßt, aber auch an das jeweilige Jahr, die jeweiligen Kinder. So kann er auch viel einfacher ausgestattet werden, als wir es für die Farbaufnahmen getan haben.

Der Jahreszeiten-Tisch stellt eine willkommene Ergänzung zur Feier der *Jahresfeste* dar. Wer sich eingehender mit den Hintergründen der Jahresfeste beschäftigen will, wird viele Anregungen in der umfangreichen Literatur zu diesem Thema finden (Literaturhinweise S. 89). Die Beschäftigung mit den Hintergründen ist eine Hilfe bei der Suche nach geeigneten Dingen für den Jahreszeiten-Tisch. Das eine Mal wird dies besser gelingen als das andere. Doch gerade das kann einen stimulieren, damit weiterzumachen.

In der Schule kann sich der Jahreszeiten-Tisch an die Inhalte der Stunden der jeweiligen Zeit anlehnen.

Basistechniken

Die in diesem Buch beschriebenen Püppchen sind in verschiedenen Techniken ausgeführt, die im folgenden kurz beschrieben werden. Natürlich kann man für jede Figur auch andere Ausführungen wählen als die dargestellten. So kann zum Beispiel die Frühlingsfee auch als Stehpuppe gefertigt werden oder die Figuren des Weihnachtsstalles aus Kammgarn bzw. aus Eisendraht (mit Füßen).

Püppchen aus Kammgarn (Abb. 3)

Kammgarn ist gereinigte, maschinell kardierte Wolle, die in langen Streifen (Rollen) verkauft wird. Das Köpfchen erhält man, indem man einfach einen Knoten in das Kammgarn macht. Diese Technik ist gut geeignet für weniger ausgearbeitete Figuren (siehe auch Sankt Nikolaus, S. 68).

Marionette (Abb. 4)

Marionetten erhalten Köpfe aus Trikotstoff (siehe S. 13). Aus dem überschüssigen Stück Trikot fertigt man den Leib, in den man unten eine Murmel oder einen Stein einlegt, damit die Marionette später aufrecht hängt. Die Kleidung ist eher großzügig zu bemessen. Meistens werden Marionetten an Fäden aufgehängt (siehe auch: Die Frühlingsfee, S. 25).

Stehpuppe (Abb. 23 und 24, S. 29)

Diese Puppe erhält einen Kopf aus Trikot (siehe S. 13). Den Leib bildet das Kleidchen, das ge-

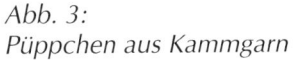
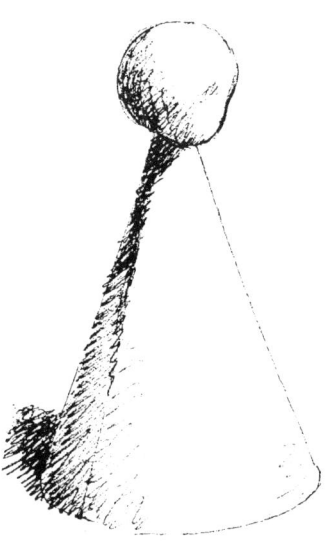

Abb. 3:	Abb. 4:	Abb. 5:	Abb. 6: Püppchen
Püppchen aus Kammgarn	Marionette	Püppchen auf Pappkegel	auf Ständer

strikt oder gehäkelt oder aber aus Filz genäht werden kann und schön straff mit Schafwolle gefüllt wird (siehe auch die Blumenkinder auf S. 29).

Wenn das Püppchen nicht recht stehenbleiben will, kann man einen «Deckel» anfertigen, auf dem es steht: Schneide jeweils ein rundes Stück Pappe und Filz (in der Farbe des Kleidchens) in der Größe der unteren Öffnung des Kleidchens aus. Lege die Pappe auf die Stehfläche der Puppe und nähe den Filz darüber am Unterrand des Kleidchens fest. Wenn nötig, kann die Puppe unten etwas beschwert werden, indem man irgendetwas Schweres hineintut (z.B. einen Eßlöffel Reis, ein Stückchen Blei oder eine Murmel), bevor der Deckel unten angenäht wird.

Püppchen auf Pappkegel (Abb. 5)

Auch dieses Püppchen erhält einen Kopf aus Trikotstoff (siehe S. 13). Der Leib wird angefertigt, indem man ein halbkreisförmiges Stück Pappe zu einem Kegel zusammenrollt. Dabei muß eine Öffnung für den Hals übrigbleiben. Die Arme sind aus Eisendraht oder Pfeifenreinigern. Die Kleidung wird mehr oder weniger drapiert, so daß es nicht viel Sinn hat, hierfür ein Schnittmuster zu geben.

Diese Technik ist gut geeignet für Figuren mit nur wenig ausgearbeiteten Leibern (siehe auch bei Krippenfiguren S. 74).

11

Püppchen auf einem Ständer (Abb. 6)

Puppen von eher schlanker Statur können einen Kopf (siehe S. 13) erhalten, der auf einem kleinen Ständer aus Holz befestigt wird. Dafür braucht man ein rundes Holzscheibchen (ungefähr 5 cm Durchmesser), z.B. aus Sperrholz, und ein Rundholz von der Dicke eines Bleistifts, so lang, wie es jeweils benötigt wird. Nun bohrt man in die Mitte der Holzscheibe ein Loch mit dem Durchmesser des Rundholzes und leimt dieses dort ein. Die Spitze des Rundholzes wird mit einem Bleistiftspitzer angeschärft, so daß es, wenn notwendig, leicht noch ein wenig kürzer gemacht werden kann.

Nun wird 5 cm unterhalb der Spitze ein kleines Loch in das Rundholz gebohrt. Dieses wird später benötigt, um den Kopf der Stehpuppe zu befestigen.

Die Arme sind aus Eisendraht und werden mit Wolle umwickelt. Sie werden am Rücken angenäht. Derartige Püppchen erhalten «maßgeschneiderte» Kleidung, deren Umfang durch die Menge der Wolle variiert werden kann, mit der sie ausgestopft wird (Näheres siehe bei «Mutter Erde», S. 17).

Püppchen aus Eisendraht (Abb. 7)

Auch diese Puppe erhält einen Kopf aus Trikotstoff (siehe S. 13). Wenn sie echte Beine und Füße haben soll, wird ein Gerüst aus Eisendraht oder Pfeifenreinigern verwendet. Eisendraht hat den Vorteil, daß er sich häufiger biegen läßt; allerdings ist er auch unbequemer in der Verarbeitung.

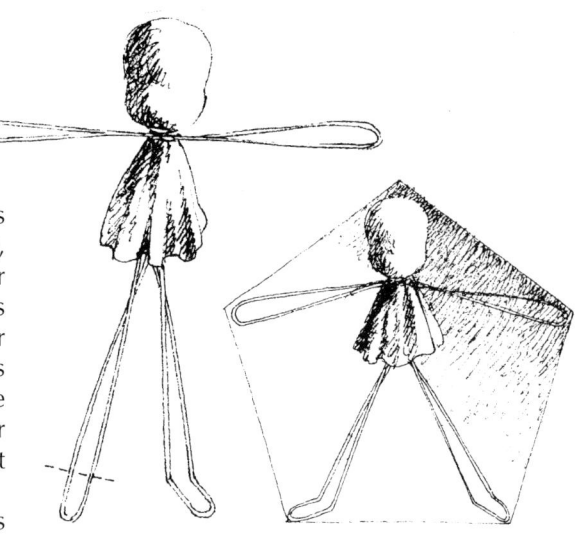

Abb. 7 : Püppchen aus Eisendraht

Die Schuhe können aus Bienenknetwachs modelliert werden. Der Nachteil dabei ist, daß solche Püppchen doch oft recht gerne umfallen, wenn sie nicht auf einem flachen Untergrund haften. Um das zu vermeiden, ist es auch möglich, die Schuhe aus Bleiblech anzufertigen, dünnem, gewalztem Blei, wie es der Dachdecker benötigt. Es ist so weich, daß es mit einer Küchenschere zugeschnitten werden kann.

Ein Schuh besteht aus zwei Schichten: Die untere Schicht bildet die Sohle, in die obere wird mit einem Nagel ein kleines Loch geschlagen, durch

Abb. 8: Schuh aus Bleiblech

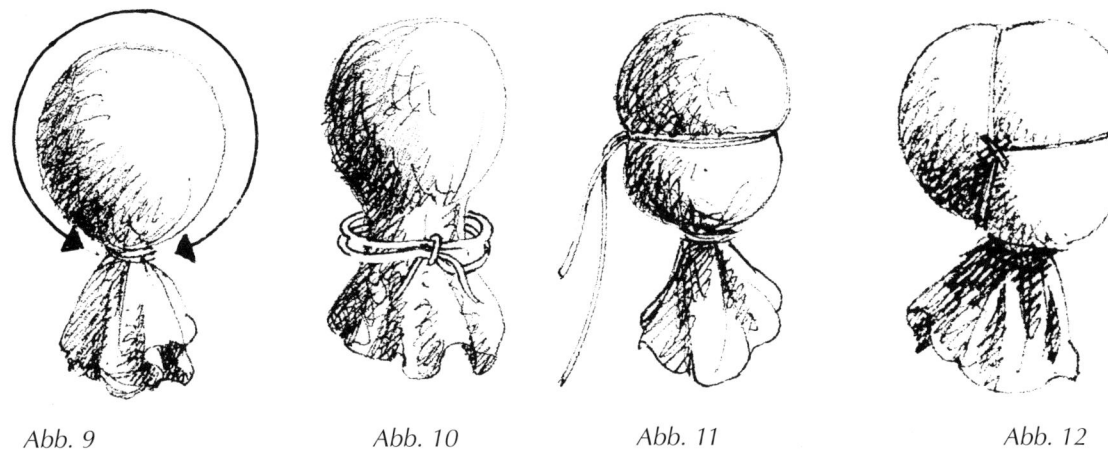

| Abb. 9 | Abb. 10 | Abb. 11 | Abb. 12 |

das der Eisendraht, der das Füßchen bildet, hindurchgesteckt wird. Das Ende des Eisendrahtes liegt also schließlich zwischen den zwei Bleischichten. Ein Stückchen Filz oder Trikot wird sodann straff um das Blei herumgelegt (der «Schuh») und am Fußgelenk festgebunden (Abb. 8).

Puppen aus Eisendraht können in jede gewünschte Haltung gebogen werden (siehe auch «Die Pfingstbraut», S. 43).

Die Herstellung eines Puppenkopfes

Die meisten der oben beschriebenen Figuren haben Köpfe aus Baumwolltrikot. Bei ihrer Anfertigung gehen wir folgendermaßen vor:

Ein Stück weiches Baumwolltrikot (weiß) wird mit sauberer, ungesponnener, gezupfter Schafwolle (Füllwolle) ausgestopft. Eine feste Kugel wird geformt, indem man mit der einen Hand kräftig an dem Trikot zieht und dabei mit der anderen den Kopf modelliert. Aus der Öffnung muß etwas Wolle für den Hals herausragen. Die Größe des Kopfes ergibt sich aus der Schnittvorlage. Die angegebenen Maße sind von Hals zu Hals, quer über den Kopf hinweg, gemessen (Abb. 9).

Der Hals wird fest abgebunden. Gebrauche dafür einen starken Faden, z.B. Stickgarn (Abbindegarn). Ein Knoten, der sich selbst anspannt, wird wie folgt gelegt: Lege den Faden locker zweimal um den Hals herum, schlinge das rechte Ende unter dem linken Ende und anschließend noch einmal unter den beiden Fadenwindungen hindurch und ziehe das Ganze fest an (Abb. 10). Binde darüber einen einfachen Knoten. Nun werden die beiden Enden des Fadens gleich neben dem Knoten mit einer Nadel quer durch den Kopf gezogen, bis sie an einer beliebigen Stelle zum Vorschein kommen. Dort werden sie so knapp wie möglich abgeschnitten. Die Enden sind jetzt in der Wolle vernäht.

13

Jetzt wird ein zweiter Faden um die Mitte des Kopfes gelegt, um die Augenlinie anzugeben. Wir benutzen wieder denselben Knoten wie für das Abbinden des Halses. Prüfe, ob der Faden wirklich genau über die Mitte des Kopfes verläuft und die richtige Spannung hat: Es soll zwar eine Einschnürung entstehen, doch die Kugel darf nicht wie zweigeteilt wirken (Abb. 11).

Dann wird festgelegt, auf welche Seite das Gesicht kommen soll. Wo sollen die Wangen sitzen? Und wo das Kinn? Wenn die Gesichtsseite gefunden ist, wird der Knoten im Faden für die Augenlinie solange verschoben, bis er auf dem «Ohrenpunkt» liegt. Dazu wird der Faden etwas vom Kopf weggezogen und langsam gedreht.

Wenn die Augenlinie die einzige Einschnürung bleibt, kann jetzt auf dem Ohrenpunkt mit dem Rest des Fadens ein kleiner Kreuzstich gestickt werden. Führe die Nadel quer durch den Kopf zum gegenüberliegenden Ohrenpunkt, spanne den Faden etwas und sticke auch dort einen Kreuzstich. Danach wird das Ende wie vorher im Kopf vernäht und abgeschnitten. Nun wird der Faden für die Augenlinie auf der Hinterseite des Kopfes heruntergezogen bis in den Nacken. So entsteht ein schön geformter Hinterkopf.

Einen ausgeformteren Kopf erhält man, wenn man einen «Kinnfaden» verwendet:
Fertige ein Puppenköpfchen an wie auf Abb. 11 dargestellt. Den längeren der beiden Fäden, die vom Knoten des Augenlinienfadens herabhängen, nennen wir den Arbeitsfaden. Dieser wird nun über dem Kinn entlang und über die Augenlinie hinweg geführt. Schiebe den Arbeitsfaden mit einer Häkelnadel oder einem anderen Hilfsmittel von oben nach unten unter dem Augenlinienfaden hindurch. Ziehe ihn kräftig an und führe ihn über die Mitte des Kopfes hinweg zum

ersten Ohrenpunkt zurück. Nun wird der Arbeitsfaden fest an den dort herunterhängenden anderen Faden angeknotet. Kontrolliere, ob sich dabei nichts verschoben hat. Fädle den längeren der beiden Fäden in eine Nadel ein, und sticke über dem Ohrenpunkt zwei kleine Kreuzstiche übereinander. Steche mit der Nadel durch das Köpfchen, so daß sie genau auf der gegenüberliegenden Stelle herauskommt, und ziehe den Faden kräftig an, bis das Köpfchen ein wenig oval wird. Auch hier werden zwei Kreuzstiche übereinander gestickt. Danach kann die Augenlinie am Hinterkopf bis zum Abbindefaden des Halses hinuntergeschoben werden (siehe Abb. 12). Alle Fäden werden quer durch den Kopf vernäht und dann abgeschnitten.

Wenn man die Konturen des Gesichtchens noch weiter ausarbeiten will, kann man auch eine Nase anfertigen: Nähe einen kleinen Wollepfropfen oder eine kleine Perle in die Mitte des Gesichtes, etwas unterhalb des Augenfadens, auf und lege ein Stückchen Puppentrikot straff darüber, zur Kontrolle, ob alles richtig sitzt.

Zu einem «älteren» Gesicht gehört ein etwas zurückgezogener Mund. Bestimme die Stelle, wo er sitzen soll, und markiere sie mit einer Stecknadel. Ziehe einen Faden mit einer langen Nadel auf der Höhe eines der Mundwinkel quer durch den Kopf. Ziehe den Faden aus der Nadel heraus und fädle das vorne hängende Ende ein. Jetzt wird der Vorgang vom anderen Mundwinkel aus wiederholt. Ziehe die Fadenenden auf der Hinterseite des Kopfes straff an und kontrolliere dabei, wie die Vorderseite aussieht. Schließlich werden die Fadenenden auseinandergeknotet und vom Hinterkopf aus im Kopf vernäht und abgeschnitten. Wenn das Gesicht noch älter aussehen soll, werden außerdem

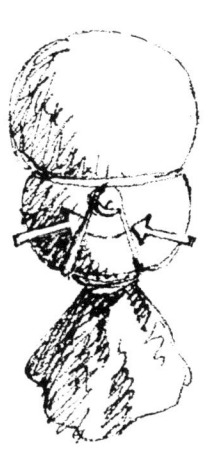

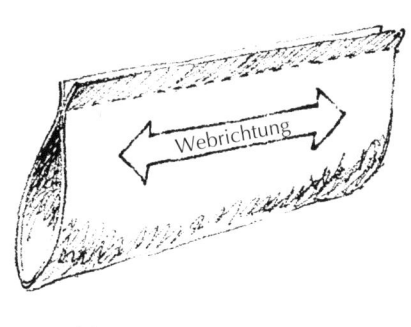

Abb. 14

Abb. 13

Abb. 15

noch Einschnürungen (Linien) benötigt, die von den Nasenflügeln über die Mundwinkel links und rechts am Kinn vorbei nach unten verlaufen (siehe Abb. 13).

Wenn der Innenkopf fertig ist, wird er mit «Puppentrikot» bekleidet, hautfarbigem doppellagigem Trikot. Da nicht alle Trikotarten gleich elastisch sind, ist es nicht möglich, die Maße in den Schnittvorlagen ganz exakt anzugeben. Schneide ein Stück Trikot zu, das in der Breite straff über das Köpfchen paßt und zweimal so hoch ist. Achte auf die Webrichtung des Stoffes: Die Streifen müssen von oben nach unten verlaufen. Nähe aus diesem Läppchen einen kleinen «Tunnel» (Abb. 14). Drehe ihn um und ziehe ihn so über das Köpfchen, daß auf der Oberseite noch genügend Überschuß vorhanden ist, um es zuzunähen. Knote einen kräftigen Faden um den Hals. Schneide das Läppchen auf der Oberseite des Köpfchens ein paar Mal ein, lege die Streifen gut an den Kopf an und nähe sie fest (Abb. 15).

Bei ganz kleinen Püppchen ist es nicht nötig, einen separaten Innenkopf anzufertigen. Man geht dabei folgendermaßen vor:

Man näht einen kleinen Schlauch aus Puppentrikot (Abb. 14), zieht ihn auf einer Seite zusammen, dreht ihn um und füllt ihn mit Wolle. Der Hals wird abgebunden. Kontrolliere die Größe des Köpfchens.

Die Gestaltung des Gesichts

Die Position der Augen wird vorher festgelegt, indem man auf der Augenlinie die Stellen, wo später die Augen sitzen sollen, durch Stecknadeln markiert. Kontrolliere, ob das Püppchen dich anschaut. Der Mund bildet mit den Augen ein gleichschenkliges Dreieck, dessen Basis zwischen den Augen verläuft. Auch er wird durch eine Stecknadel markiert. Zeichne nun mit Buntstift an den Stellen, wo die Stecknadeln gesteckt haben, kleine Striche.

15

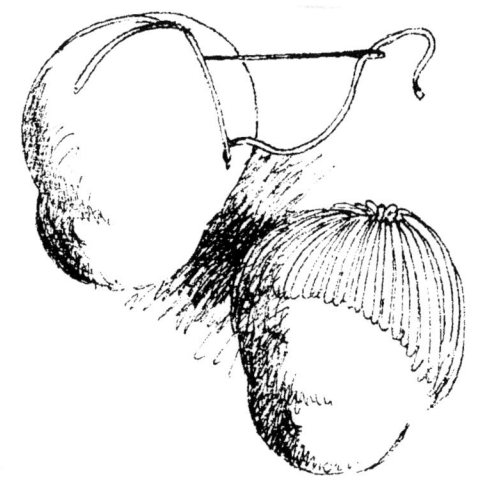

Abb. 16

Die Augen werden stärker akzentuiert, wenn sie etwas eingezogen werden. Bestimme dazu wie geschildert die Position der Augen mit Stecknadeln. Steche mit einer langen Nadel und einem Stück Abbindegarn vom Augenwinkel aus, neben der Stecknadel, quer durch den Kopf hindurch und ziehe den Faden hinten aus der Nadel heraus. Fädle das vordere Ende des Fadens ein. Entferne die Stecknadel. Zähle nun über die Stelle hinweg, wo die Stecknadel saß, drei kleine Webeinheiten weiter und führe an dieser Stelle die Nadel von der Augenlinie aus wieder wie beschrieben durch den Kopf. Verfahre beim anderen Auge genauso. Ziehe die vier Fäden ein wenig an und schaue an der Vorderseite nach, ob die Augen jetzt gut sind. Knote die Fäden paarweise zusammen, doch ziehe nicht zu stark – sonst liegen die Augen zu tief! Die Fadenenden werden danach im Kopf vernäht und abgeschnitten. Jetzt erhält das Gesicht seine Farbe.

Rote Wangen erhält man, indem man mit einem mit Wachsmalstift bemalten Läppchen vorsichtig über die Wangen reibt. Ein Schimmer genügt, sonst ist es schnell zuviel des Guten!

Die Haare

Haare für die Püppchen lassen sich auf verschiedene Weise anfertigen.

Haare aus naturfarbener Schafwolle (weiß, braun, grau, schwarz) oder aus Märchenwolle: Märchenwolle ist saubere, ungesponnene, gefärbte und kardierte Wolle. Lege ein kleines Büschel Wolle auf das Puppenköpfchen und forme es entsprechend zurecht. Nähe die Wolle mit Nähgarn derselben Farbe in kleinen Stichen auf dem Köpfchen fest.

Gesticktes Haar:
Hierfür kann Strickwolle, Stickwolle, Stopfwolle, Stickgarn, Mohair, Baumwoll- oder Seidengarn verwendet werden.
Lege den Scheitel (Wirbel) fest und mache dort den ersten kleinen Stich. Gehe mit einem langen Spannstich bis zum Stirnansatz (Haaransatz), mache unter dem Stoff einen kleinen Stich und gehe dann mit einem langen Spannstich wieder zurück zum Scheitel. Dieser zweite Stich muß etwas kürzer als der erste sein, damit das Haar oben auf dem Kopf nicht zu füllig wird. Verfahre nun genauso nach hinten und in Richtung der Ohren (siehe Abb. 16). Der Kopf ist nun in vier Partien geteilt. Jedes Teilstück wird nun durch die nächsten Spannstiche wieder in zwei kleinere Abschnitte unterteilt. Fahre so fort, bis der ganze Kopf bedeckt ist.
Nähe nach Bedarf noch einzelne Fäden (z.B. für einen Pferdeschwanz, Pony oder Zöpfe) zwischen das gestickte Haar.

Das beginnende Frühjahr

Beim Anbrechen des Frühlings scheint die Natur noch völlig in Ruhe zu sein. Doch unter der Oberfläche der Erde ist schon vieles in Bewegung. Erst nach einiger Zeit wird das sichtbar, wenn die Frühjahrsblumen, die Krokusse, Hyazinthen und Narzissen, die Erdoberfläche in ihrer Suche nach dem Licht aufbrechen.

Wenn man die Kinder dieses Geschehen miterleben lassen möchte, kann man die Mutter Erde mit ihren Wurzelkindern auf dem Jahreszeiten-Tisch erscheinen lassen und ihnen erzählen, wie die Mutter Erde sie weckt und jedem seine Arbeit gibt. Viele Wochen lang nähen die Wurzelkinder an ihren Kleidern und färben sie, damit sie fertig sind, wenn der Frühling kommt. Das Schneeglöckchen, das alles besser weiß, kann nicht mehr warten und hat darum nur gerade noch soviel Zeit, daß es mit dem grünen Farbpinsel einen kleinen Farbstreifen anbringen kann. Und das Vergißmeinnicht, das sich bei den feinen Zuschneide- und Näharbeiten seinen Finger verletzt hat, paßt gut auf, daß die Blutströpfchen nur auf die Unterseite der Blätter fallen.

Mutter Erde sorgt nicht nur für die Blumen und Pflanzen – sie sorgt auch für uns; wir haben unseren Leib von ihr bekommen, sie gibt uns unsere Nahrung, sie trägt uns.

Mutter Erde

Material:

ein Stück weiches Baumwolltrikot (15 x 15 cm)
Füllwolle
ein Stück lachsfarbenes Puppentrikot (8,5 cm breit und 10 cm hoch)
ein hölzerner Ständer von 15 cm Höhe (siehe S. 12)
40 cm Eisendraht Nr. 4
ein Rest Puppentrikot für die Hände
graue, ungesponnene Wolle für die Haare

Wähle für die Kleidung gut miteinander harmonierende Farben in Erdtönen. Für die verschiedenen Kleidungsstücke benötigen wir folgendes:

Unterrock: ein rundes Stück weichen Stoff, 26,5 cm Durchmesser
Bluse: ein Stück von 22 x 16 cm
Rock: ein Stück von 38 x 14 cm
Schürze: ein Stück Stoff von 11 x 11 cm und ein Bändchen von 22 x 3 cm
Mütze: ein rundes Stück von 11 cm Ø; Alternative:
ein Käppchen: ein Stoffstück von 15 x 11 cm und ein Bändchen von 6 x 2 cm
Schultertuch: ein Rest Strickwolle
Mantel: ein Stoffläppchen von 40 x 20 cm
Kapuze: ein Stofflappen von 18 x 18 cm in derselben Farbe wie der Mantel, 30 cm Schrägband in der Farbe des Mantels
eventuell ein Stückchen ganz dünnen Alpaka- oder Eisendraht für die Brille
ein Körbchen

Arbeitsanleitung:

Fertige ein Köpfchen aus Trikot an, Längsumfang 12 cm (siehe S. 13). Mutter Erde hat ein richtig altes Gesicht, sie darf also eine Nase erhalten und Falten um den Mund. Nachdem das Köpfchen mit Puppentrikot überzogen ist, können die Augen und der Mund eingenäht werden. Stecke nun den Kopf auf den Ständer (siehe S. 12) und binde die Trikotreste des Kopfes an dem Rundholzstab des Ständers fest. Binde ihn unter Benutzung des vorgebohrten Loches gut fest, so daß er nicht mehr herunterrutschen kann, und kontrolliere, ob die Gesamthöhe 18 cm beträgt.

Die *Arme* werden angefertigt, indem man den Eisendraht an beiden Enden zur Mitte hin umbiegt, bis ein Stück von 18 cm Länge entsteht. Dieses wird in der Mitte gut am Rücken festgenäht, etwa 1 cm unterhalb des Kopfes. Umwickle die Arme mit Füllwolle, so daß sie etwas voller werden. Aus derselben Wolle wird auch die Brustpartie der Mutter Erde hergestellt. Sollte die Wolle nicht haften bleiben, kann sie mit ein paar Stichen festgeheftet werden.

Die *Hände* werden nach der Vorlage Abb. 17 auf doppellagigen Stoff abgezeichnet und auf der angezeichneten Linie genäht. Schneide sie aus (kleinen zusätzlichen Rand als Nahtzugabe übriglassen), und wende sie um. Stülpe die Hände über die Enden der Arme und befestige sie auf der Höhe der «Handgelenke».

Schneide den *Unterrock* zu und hefte ihn mit Reihstichen 1 cm oberhalb des Randes. Stelle den Ständer in die Mitte des Stoffs hinein und ziehe den Heftfaden an. Der Unterrock wird in der Höhe der Taille befestigt.

Schneide die *Bluse* nach dem Schnittmuster zu (Abb. 17). Berücksichtige dabei wieder einen kleinen Rand für die Nahtzugabe. Nachdem die Nähte fertig sind, wird die Bluse hinten in der Mitte aufgeschnitten. Nun wird die Bluse angezogen, die Ärmel gekräuselt an den Handgelenken festgenäht und hinten zugenäht. Der obere Rand wird um den Hals herum gekräuselt und mit kleinen Stichen befestigt.

Schneide den *Rock* nach den angegebenen Maßen zu und säume den unteren Rand. Nähe die Hinterseite zu. Wende die linke Seite nach innen um und hefte die Oberseite mit einem doppelten Faden. Lege den Rock an (über die Bluse), ziehe den Heftfaden an und verknote ihn. Säume die *Schürze* an den Seiten und an der unteren Kante. Kräusle den oberen Rand. Lege die Mitte des Bändchens auf die Mitte der Schürze und nähe es entlang der Oberkante der Schürze fest. Falte nun das Band um, schlage es ein und säume es ringsum ein. Mutter Erde trägt ihre Schürze bei der Arbeit.

Die *Haare* sind aus grauer Schafwolle (siehe S. 16). Man erhält einen Scheitel, indem man die Wolle in der Mitte durch kleine Steppstiche festnäht. Man kann auch einen kleinen Knoten auf dem Hinterkopf anfertigen: Die Wolle wird ein wenig zusammengedreht, aufgewickelt und danach ebenfalls festgenäht.

Nun erhält Mutter Erde ein *Käppchen* oder eine *Mütze*. Schneide den Stoff für das Käppchen entsprechend dem Schnittmuster (Abb. 17). Die Vorderseite des Käppchens wird gesäumt. Die runde Seite wird geheftet und bis auf die Breite des Bändchens (6 cm) zusammengezogen. Nähe nun das Bändchen auf der rechten Seite des Käppchens auf die Falten auf. Dann wird es umgeschlagen und gegengesäumt. Soll eine *Mütze* entstehen, dann muß das Stoffstückchen rundherum eingesäumt und 3/4 cm vom Rand

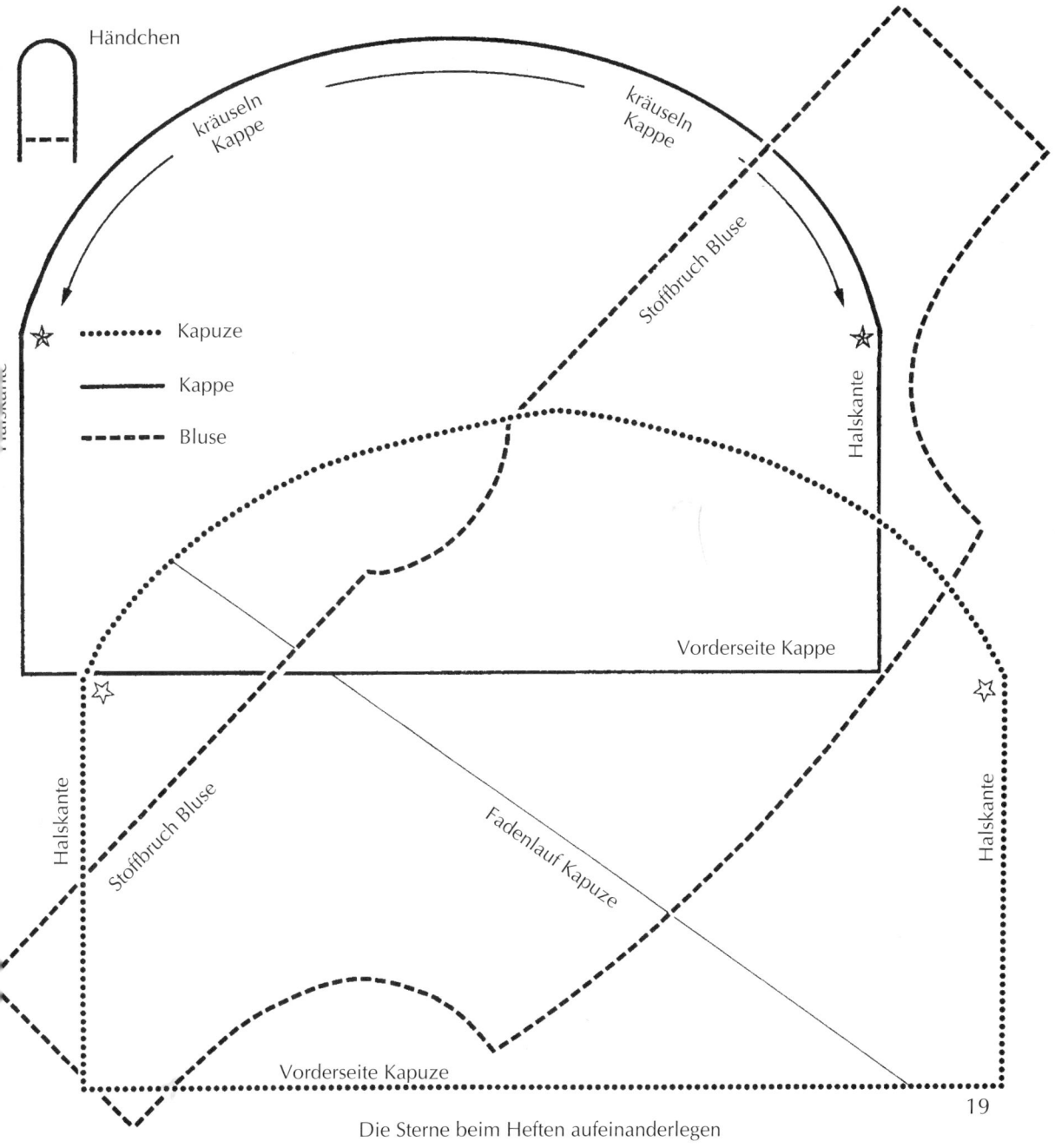

Händchen

kräuseln
Kappe

kräuseln
Kappe

Stoffbruch Bluse

Halskante

Halskante

·········· Kapuze

———— Kappe

– – – – Bluse

Vorderseite Kappe

Halskante

Halskante

Stoffbruch Bluse

Fadenlauf Kapuze

Vorderseite Kapuze

19

Die Sterne beim Heften aufeinanderlegen

Abb. 17: Schnittmuster für Mutter Erde

entfernt mit doppeltem Faden geheftet werden. Ziehe den Heftfaden etwas an, setze Mutter Erde die Mütze auf und ziehe wenn nötig den Faden noch weiter an. Verteile die Falten gleichmäßig über die Mütze und befestige diese dann am Kopf.

Ein *Umschlagtuch* kann man stricken, häkeln oder auch nähen.

Gestricktes Umschlagtuch: Nehme mit einer Stricknadel der Größe 3 50 Maschen auf und stricke jeweils eine Masche links und eine rechts, auf der nächsten Reihe dasselbe um eine Masche versetzt (Perlmuster). Am Anfang jeder Reihe eine Masche abnehmen, nach der 18. Reihe zehn Reihen lang zwei Maschen abnehmen. Es bleiben dann noch 12 Maschen übrig. Bei den letzten vier Reihen werden jeweils drei Maschen abgenommen. Das Umschlagtuch ist jetzt 20 cm breit und hat eine 7 cm lange Spitze.

Gehäkeltes Umschlagtuch: Häkle zuerst 20 cm lang Luftmaschen. Darauf werden abwechselnd Stäbchen und Luftmaschen bei immer kürzer werdenden Reihen gehäkelt, so daß schließlich ein Läppchen derselben Größe entsteht wie bei der gestrickten Version.

Genähtes Umschlagtuch: Dafür wird ein luftiger, leichter Stoff gewählt, der gut um die kleinen Schultern fällt. Schneide ein Läppchen mit den Maßen des gestrickten Tuches zu und säume es. Alle Tücher werden entlang der Schrägseiten mit hübschen Fransen versehen. Bei kühlem, windigen Wetter kann Mutter Erde sich nun in ihrem Umschlagtuch wärmen.

Wenn es noch kälter wird, braucht Mutter Erde einen *Mantel*, in dem sie sich von Kopf bis Fuß einhüllen kann. Schneide den Mantel entsprechend den angegebenen Maßen zu. Säume ihn unten und an den Seiten, kräusle die Oberseite.

Schneide die *Kapuze* (Schnitt: Abb. 17) mit einer kleinen Zugabe für die Naht zu und achte dabei auf den diagonalen Geweberverlauf. Säume die Vorderseite. Lege die Halsstücke aufeinander und nähe die runde Seite zu. Die gekräuselte Seite des Mantels wird nun gegen die Halsstücke der Kapuze gehalten. Darüber wird ein Stück Schrägband genäht, das auf beiden Seiten soweit übersteht, daß der Mantel damit zugebunden werden kann.

Biege mit einer Rundzange den Eisendraht zu einer kleinen *Brille* und setze sie Mutter Erde auf die Nase. Die Bügel werden einfach in das Haar gesteckt.

Wenn noch ein winziges Körbchen mit farbigen Stoffresten hinzukommt, hat Mutter Erde alles, was sie braucht.

Wurzelkinder

Die Kinder der Mutter Erde schlafen den ganzen Winter lang unter der Erde. Wenn das Frühjahr naht, werden sie geweckt. Jetzt machen sie sich

Abb. 18: Gehäkeltes Wurzelkind

an die Arbeit und bereiten ihre neuen Kleider zu, die fertig sein müssen, wenn der Frühling anbricht.

Wir beschreiben zur Auswahl zwei Arten, wie man Wurzelkinder machen kann:

Gehäkeltes Wurzelkind

Material:

ein Rest braune Wolle
Füllwolle, am besten braun
braune oder gelbe Mohairwolle
ein Stückchen Puppentrikot 4 x 4 cm

Arbeitsanleitung:

Häkle 3 Luftmaschen, schließe sie zu einem Kreis und häkle darauf 5 feste Maschen. Häkle in der nächsten Runde 8 feste Maschen und erweitere so bei jeder Runde um 3 Maschen, bis ein wurzelförmiges Säckchen von etwa 5 cm Länge entstanden ist. Häkle dann weiter hin und zurück über zwei Drittel des erreichten Umfangs bis zum Erreichen einer Länge von insgesamt 7 cm. Nun wird wieder über den ganzen Umfang rundherum gehäkelt. Dabei wird die Maschenanzahl rasch verringert, bis schließlich das Köpfchen geschlossen ist. Fülle das Wurzelkind mit Wolle. Die Füllwolle wird bei der Öffnung mit einem Läppchen Trikot abgedeckt. Nähe mit Nähgarn die Mohairwolle in Schlingen um das Gesicht herum. Stich dabei jeweils in den gehäkelten Rand und in das Trikotläppchen ein, so daß dieses dadurch gleich mitbefestigt wird. Male schließlich mit einem Bleistift die Augen auf.

Genähtes Wurzelkind

Material:

Füllwolle
ein Stück weiches Baumwolltrikot 10 x 10 cm
ein Stück lachsfarbenes Puppentrikot, 6 cm breit und 5 cm lang
Reste Puppentrikot für die Händchen
Pfeifenreiniger
ein Stück dunkelbrauner Stoff 18 x 18 cm
Wolle für die Haare
1 Eßlöffel Reis

Arbeitsanleitung:

Fertige ein Köpfchen von 7 cm Umfang an (mit Augenlinie, siehe S. 13). Schneide das Kleidchen entsprechend dem Schnittmuster (Abb. 19) zu, nähe es zusammen und wende es um. Biege den Pfeifenreiniger an beiden Enden ein Stück weit um, so daß das Armteil im ganzen 10 cm lang ist. Wickle etwas Füllwolle um den Pfeifenreiniger herum. Übertrage die Händchen vom Schnittmuster auf den doppelt gelegten Stoff. Nähe die Händchen zusammen und wende sie um. Schiebe sie auf die Enden des Pfeifenreinigers und befestige sie in Höhe der Handgelenke.

Ziehe einen Heftfaden um die Halsöffnung des Kleidchens und fülle dieses mit Reis. Stecke den Hals des Puppenköpfchens in die Halsöffnung des Kleidchens und ziehe den Heftfaden an, wobei die unsaubere Kante nach innen umgeschlagen wird. Verteile die Falten gleichmäßig und nähe das Kleidchen an den Hals an.

Stecke die Arme hinter dem Halsstück vorbei durch die Ärmel. Kräusle die Ärmelränder um die Handgelenke und nähe sie fest.

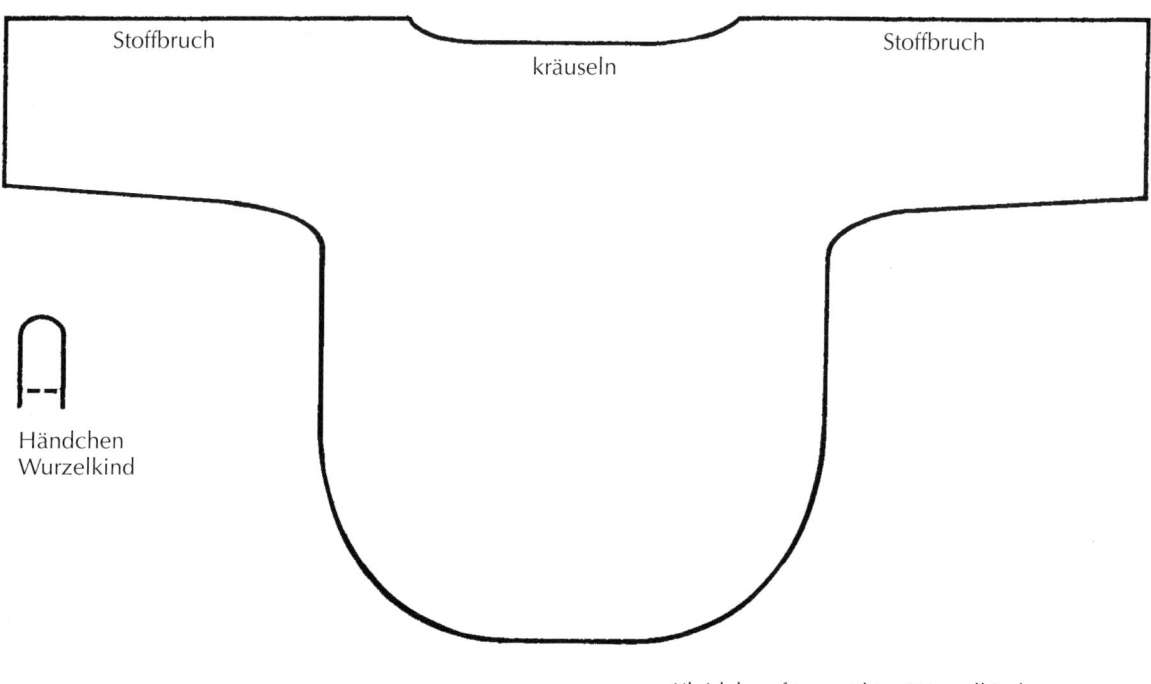

Stoffbruch

kräuseln

Stoffbruch

Händchen
Wurzelkind

Kleidchen für genähtes Wurzelkind

Abb. 19: Schnittmuster für genähtes Wurzelkind

Sticke die Haare (siehe S. 16), gib dem Gesicht
ein wenig Farbe und bringe das Püppchen in die
gewünschte Haltung.

23

Der Frühling

Der einziehende Frühling kann auf dem Jahreszeiten-Tisch seinen Ausdruck finden in der Frühlingsfee, die ihr Kleid über die Erde ausbreitet. König Winter verschwindet mit seinem Schneegewand, und die dunkle Erde bekommt wieder Farbe. Der Frühling zeigt sich uns vor allem in gelben und frisch-grünen Farben. Doch auch rosarot ist eine Frühlingsfarbe. Wir treffen sie häufig an in den Knospen der Bäume und Sträucher, in denen das Grün noch ganz verborgen ist. Eine Frühlingsfee macht man am besten aus Seide, einer Stoffart, die so fein ist, daß sie gleichsam zwischen Himmel und Erde zu schweben scheint, wie der Schmetterling, der aus der Seidenraupe geboren wird.

Die Frühlingsfee

Material:

Füllwolle
ein Stück Baumwolltrikot 15 x 15 cm
ein Stück rosa Puppentrikot, 8,5 cm breit und 15 cm lang
2 Seidenlappen je 45 x 45 cm und 38 x 38 cm
Stickgarn
1 Murmel
hellgelbe Mohairwolle oder Märchenwolle

Für den Hut benötigen wir:
ein Stück Elfenbeinkarton 16 x 16 cm
ein Seidenläppchen 18 x 22 cm
einige Reste Seidenpapier in Frühlingsfarben

Arbeitsanleitung:

Fertige ein Köpfchen (12 cm Längsumfang, siehe S. 13) mit Augen und Kinnlinie an. Lasse diesmal die Trikotenden unterhalb des Kopfes besonders lang, denn daraus wird dann der Leib der Frühlingsfee. Säume die zwei Seidenlappen, sie bilden dann, aufeinandergelegt, das Gewand der Fee. Wenn die Fee aus zwei verschiedenen Farbtönen gemacht wird, ist es schön, wenn der untere, größere Lappen die dunklere Farbe hat. Die Seide wird mit einer dünnen Nadel und einem Faden Nähseide gesäumt. Jeder Lappen wird in Viertel gefaltet. In der Mitte wird ein kleines rundes Loch eingeschnitten, indem man an der geschlossenen Ecke ein Stück abschneidet. Falte die Seide wieder auseinander und lege die zwei Lappen aufeinander: Die Ecken des obenauf liegenden, kleineren Stücks liegen auf der Mitte der geraden Seiten des unteren Lappens. Ziehe mit kleinen Stichen einen Heftfaden um die Halsöffnung ein, führe die Trikotenden des Puppenkopfes, die den Leib bilden sollen, durch die Halsöffnung, ziehe den Heftfaden an und nähe die Seide am Hals auf den Trikotenden fest. Die Ecken des oberen Seidenlappens fallen in der Mitte vorne und hinten und auf beiden Seiten gerade herunter. Jetzt kann der Leib mit Wolle gefüllt werden. Bevor er zugenäht wird, wird noch die Murmel hineingelegt, damit die Fee gerade hängenbleibt.
Die Haare: Wickle die Mohairwolle etwa 50 mal um ein kleines Buch oder ein Stück Pappe von ungefähr 11 cm Breite. Schneide die Wolle auf einer Seite auf. Lege die Wollfäden so auf das Köpfchen, daß sie an beiden Seiten symmetrisch herabhängen und nähe sie mit kleinen Stickstichen schön gleichmäßig verteilt so an, daß ein

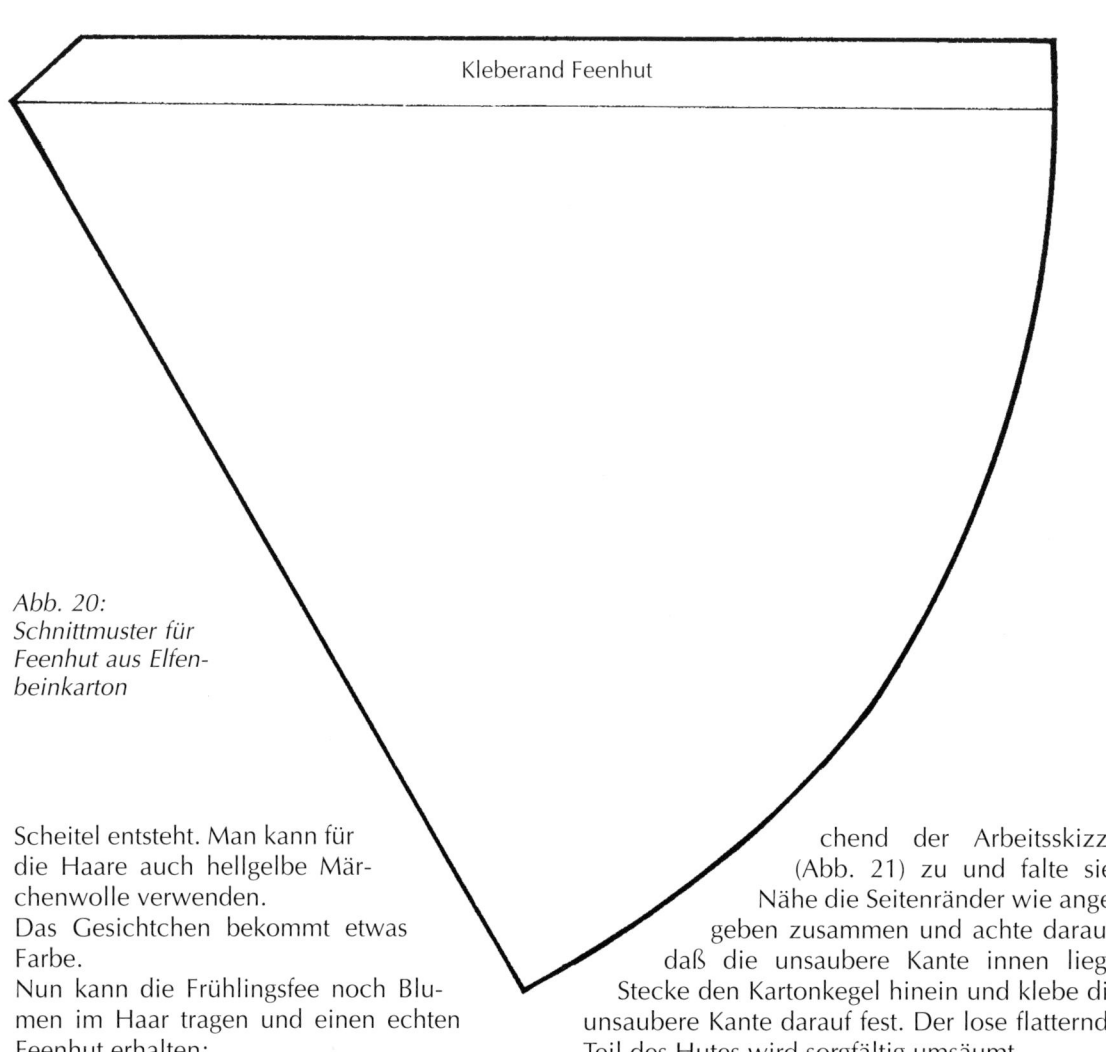

Kleberand Feenhut

Abb. 20:
Schnittmuster für
Feenhut aus Elfen-
beinkarton

Scheitel entsteht. Man kann für die Haare auch hellgelbe Märchenwolle verwenden.

Das Gesichtchen bekommt etwas Farbe.

Nun kann die Frühlingsfee noch Blumen im Haar tragen und einen echten Feenhut erhalten:

Der Hut wird nach dem Muster (Abb. 20) aus dünnem Elfenbeinkarton ausgeschnitten. Kontrolliere, ob er auf das Köpfchen paßt und klebe ihn zusammen. Schneide die Seide entspre-

chend der Arbeitsskizze (Abb. 21) zu und falte sie. Nähe die Seitenränder wie angegeben zusammen und achte darauf, daß die unsaubere Kante innen liegt. Stecke den Kartonkegel hinein und klebe die unsaubere Kante darauf fest. Der lose flatternde Teil des Hutes wird sorgfältig umsäumt.

Das Blumenkränzchen wird aus kleinen runden Seidenpapier-Stückchen von 2 cm Durchmesser hergestellt. Drücke jedes Stückchen in der Mitte leicht zwischen den Fingern zusammen und rei-

26

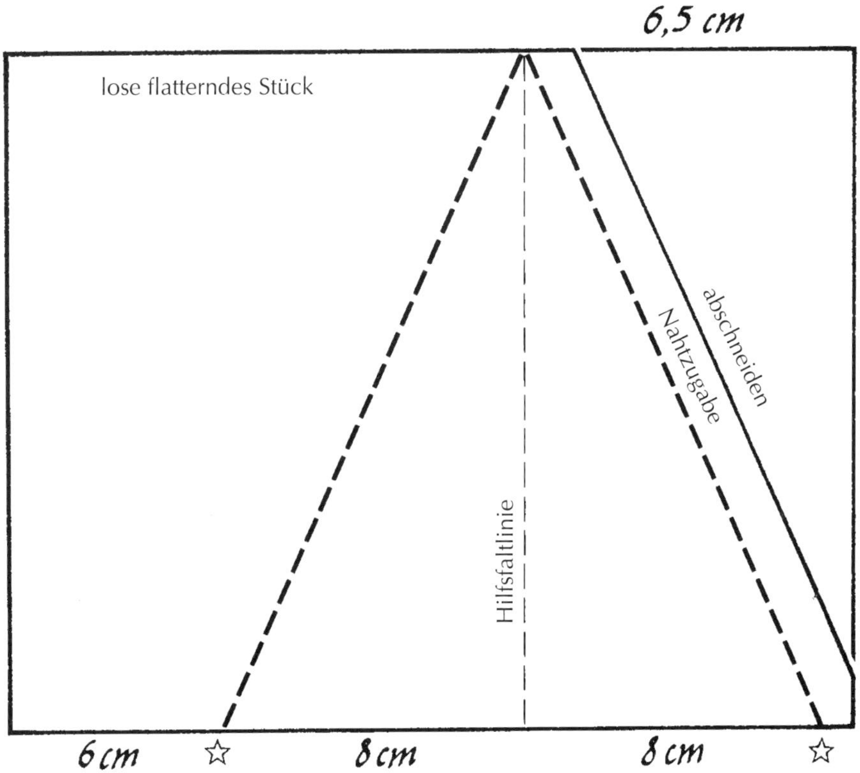

6,5 cm

lose flatterndes Stück

abschneiden

Nahtzugabe

Hilfsfaltlinie

*Abb. 21
Schnittmuster für
Feenhut aus
Seidenstoff*

Diese Sterne
beim Falten aufein-
anderlegen und mit
1/2 cm Nahtzugabe
auf der Linie fest-
nähen.

6 cm ☆ **8 cm** **8 cm** ☆

Blumenkinder

he sie mit einer Nadel wie Perlen auf einen Faden. Dabei wird die Nadel immer durch die zu-
sammengedrückten Partien der Blumen gefädelt.
Hänge das Kränzchen in das Haar, um den Hut
oder um den Hals der Fee.
Die Fee schwebt in der Luft, indem sie an einem
Faden aufgehängt wird, der quer durch Hut,
Kopf und Hals verläuft und am Leib festgenäht
wird.

Wenn die Blumenkinder oberhalb der Erde erscheinen, sehen sie ganz anders aus als früher,
da sie noch Wurzelkinder unter der Erde waren.
Abends wird immer ein Wurzelkind gegen ein
Blumenkind ausgewechselt, und so fängt das
Frühjahr immer mehr zu blühen an. Im folgenden werden einige Techniken beschrieben, mit
denen man Blumenkinder herstellen kann. Welche man wählt, hängt von der persönlichen Vor-
liebe bzw. dem Können ab.

Hut und Kragen
der Blumenkinder

Blumenkinder haben manchmal einen Hut oder einen Kragen aus Blüten- oder grünen Blättern. Als Vorlage für Blätter und Blüten verwenden wir echte Blumen bzw. gute Abbildungen. Schneide die Blätter so zu, daß sie in einem Streifen aneinanderhängen, und falte sie ein wenig zusammen, so daß sie mehr Tiefe erhalten. Der Blumenkranz kann am Hals befestigt werden oder ganz eng zusammengezogen werden als Hut.
Eine flache Blumenart erhält man, wenn man die Blätter aus einem runden Stückchen Stoff ausschneidet. Manchen Blumenkindern stehen diese Blumen als Hut besonders gut. Diese einfachere Methode eignet sich gut, wenn Kinder mithelfen wollen.

Ein Blumenhut wird immer mit einem Herzchen oder einem Kelchboden (einer Krone) versehen, der einen ganz kleinen Stiel trägt.

Herzchen: Schneide ein herzförmiges oder rundes Stückchen Stoff zurecht und klebe es auf die Blume; noch naturgetreuer sieht es aus, wenn das Herz mit Stickseide aufgenäht wird. Lege eventuell etwas Wolle unter das Herzchen, so daß es ein wenig erhaben erscheint.

Stiel: Ein Stiel wird aus einem dünnen Filzstreifen hergestellt, der einfach doppelt gelegt und aufeinandergenäht wird.

Bei manchen Blumenarten ist die Blütenkrone eine kleine Verdickung am Ende des Stengels: Ein Filzstreifen von etwa 1 cm Breite wird um das Ende des Stengels gerollt und dort befestigt. Häufig ist die Blütenkrone ein echter Kelch, der nach demselben Prinzip wie die Blütenkelche angefertigt wird: Ein Stückchen Filz wird geheftet und dann zusammengezogen. Das Muster kann endlos variiert werden (siehe Abb. 22). Achte darauf, daß die Anzahl der so angefertigten Blütenblätter mit der Wirklichkeit übereinstimmt.

Abb.22: Beispiele für Blätter der Blumenkinder

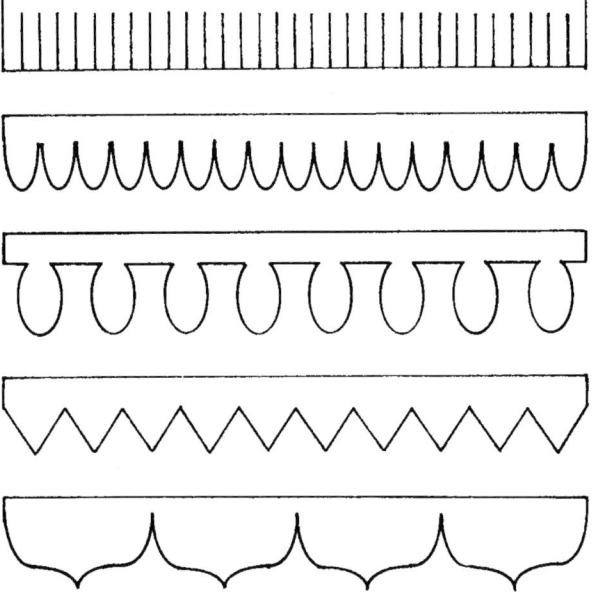

Blumenkind aus Kammgarn

Material:

15 cm Kammgarn, ungefähr einen Finger dick
ein Filzstreifen, 6 x 12 cm
Filzreste für die Blütenblätter
Stickgarn

Abb. 23: Blumenkind aus Kammgarn

Gestricktes Blumenkind

Material:

Strickbaumwolle Nr. 10 in der Farbe der Blume
Stricknadeln Größe 2,5
Füllwolle
ein Stück Puppentrikot 5 x 5 cm
ein Rest Puppentrikot für die Händchen
Wolle für die Haare
Pfeifenreiniger
Filzreste für das Hütchen, grün in Kombination
mit einer anderen Farbe
Stickgarn in dazu passenden Farben

Abb. 24: Gestricktes Blumenkind

Arbeitsanleitung:

Mache einen Knoten in die Mitte des Kammgarnstreifens. Dieser Knoten bildet den Kopf des Blu-
menkindes. Lege die Seite fest, auf die das Gesicht kommen soll. Ein Mantel wird angefertigt,
indem der Filzstreifen in Längsrichtung an dem
Kammgarn angeheftet wird. Um den Hals herum
wird er zusammengezogen. Nähe einen Blumenhut auf den Kopf.
Dieses Blumenkind ist so einfach, daß es von
den Kindern selbst hergestellt werden kann.

Arbeitsanleitung:

Forme ein ganz einfaches Köpfchen, Umfang 6 cm, ohne Wollfüllung im Hals.

Das Kleidchen wird in einem Stück gestrickt. Nehme 14 Maschen auf und stricke im Perlmuster (1 rechts, 1 links, in jeder neuen Reihe versetzt). Nehme nach 24 Reihen an beiden Seiten 4 Maschen zusätzlich auf für die Arme. Wir haben nun insgesamt 22 Maschen. Die mittleren 8 Maschen werden nun glatt gestrickt (1 Reihe rechts, 1 Reihe links), doch stricke die Arme weiter im Perlmuster. Kette nach 10 Reihen die mittleren 2 Maschen locker ab und nehme sie in der folgenden Reihe wieder mit auf. Kette nach weiteren 10 Reihen auf beiden Seiten 4 Maschen ab. Stricke über die übriggebliebenen 14 Maschen wieder 24 Reihen im Perlmuster. Danach abketten. – Schließe die Arm- und Seitennähte. Stecke das Hälschen in die Halsöffnung und nähe das Kleidchen an dem Hälschen fest. Biege den Pfeifenreiniger an beiden Seiten ein Stück um bis auf eine Gesamtlänge von 8 cm. Wickle ein kleines Büschel Wolle um den Pfeifenreiniger. Zeichne die Hände nach der Schnittvorlage (Abb. 25) auf den Stoff (doppellagig) ab. Nähe die Hände, wende sie um und schiebe sie auf die Enden des Pfeifenreinigers. Befestige sie an den Handgelenken. Stecke die Arme in die Ärmelöffnung, hinter dem Halsstück vorbei. Nähe die Ärmel an den Handgelenken fest.

Fülle das Püppchen von unten her mit Wolle, so daß es stehen kann. Man kann dem Blumenkind eine Taille geben, indem man auf der Trennlinie zwischen Perlmuster und glatter Strickart einen Faden einzieht. – Schließlich bekommt das Blumenkind Haare und einen Hut oder einen Blätterkragen (siehe S. 28).

Gehäkeltes Blumenkind

Material:

Strickbaumwolle Nr. 10
dazu passende Häkelnadel
Füllwolle
ein Stück Puppentrikot, 5 x 5 cm
ein Rest Puppentrikot für die Hände
Wolle für die Haare
Filzreste für die Blütenblätter

Arbeitsanleitung:

Mache zuerst ein ganz einfaches Köpfchen (6 cm Längsumfang) ohne Wollfüllung im Hals (siehe S. 15). Das Kleidchen wird von oben aus abwärts gehäkelt.

Häkle 12 Luftmaschen und schließe sie mit einer halben festen Masche zu einem Ring. Darauf werden feste Maschen gehäkelt. Im Verlauf der nächsten 5 Reihen werden jeweils 2 feste Maschen aufgenommen, so daß wir am Ende im ganzen 22 Maschen erhalten. Häkle solange weiter, bis die gewünschte Länge erreicht ist (8 bis 10 Reihen). Kette den Faden ab. Stecke den Hals des Köpfchens in die Halsöffnung des Kleidchens und nähe ihn daran fest. Fülle das Kleidchen mit Schafwolle, so daß das Püppchen stehen kann. Um den Hals werden Blütenblätter gelegt (siehe S. 28).

Mützchen: 3 Luftmaschen werden zu einem Ring verbunden. In den folgenden 3 Reihen werden jeweils 5 feste Maschen zusätzlich aufgenommen, so daß wir am Ende im ganzen 18 feste Maschen haben. Häkle darüber noch 5 Reihen und kette dann ab. Das Köpfchen erhält nun Haare, und das Mützchen wird darauf festgenäht.

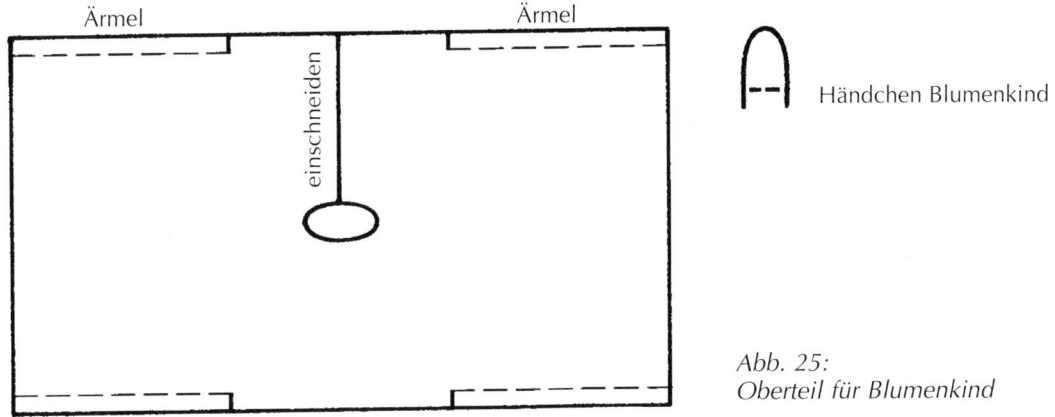

Händchen Blumenkind

Abb. 25:
Oberteil für Blumenkind

Blumenkind mit Blume

Material:

Füllwolle
ein Stück weiches Baumwolltrikot, 10 x 10 cm
ein Stück rosa Puppentrikot, 6 cm breit und 12 cm lang
ein Rest Puppentrikot für die Hände
Pfeifenreiniger
2 Filzstücke (grün oder in der Farbe der Blume), 12 x 12,5 cm (für das Röckchen) und 9 x 5 cm (für das Oberteil)
Wolle für die Haare

Arbeitsanleitung:

Mache einen Puppenkopf (7 cm Längsumfang) mit Augenlinie (siehe S. 13). Schneide das Oberteil des Kleidchens zu (Abb. 25). Nähe die Ärmelnähte. Nähe die Mittelnaht des Rockes und ziehe die obere Kante ein wenig zusammen.

Nähe das Röckchen an das Oberteil an, so daß sowohl die rückwärtigen Nähte als auch die Vorderteile gut aneinander anschließen. Biege die Enden des Pfeifenreinigers ein Stück weit nach innen um, so daß das entstehende Armteil 10 cm lang ist. Umwickle den Pfeifenreiniger mit etwas Füllwolle. Übertrage den Schnitt für die Hände (Abb. 25) auf doppelt gelegten Stoff, nähe die Hände, wende sie um und schiebe sie auf die Enden des Pfeifenreinigers. Nähe die Händchen an den Handgelenken fest. Stecke den Hals durch die Halsöffnung.
Schiebe die Arme hinter dem Halsstück vorbei durch die Ärmel. Jetzt wird das Kleidchen zugenäht. Es muß eventuell um den Hals herum und an den Handgelenken festgenäht werden. Fülle es nun mit Wolle, bis es stehen kann. Die Haare werden nach der auf Seite 16 beschriebenen Methode angefertigt. Gebe dem Gesichtchen etwas Farbe.

Löwenzahn aus Filz

(für das Blumenkind)

Als Vorbilder für die Blumen, die wir machen, dienen uns echte Blumen bzw. Abbildungen echter Blumen. Es braucht natürlich nicht unbedingt ein Löwenzahn zu sein – auch andere Blumen eignen sich gut.

Material:

zwei grüne Pfeifenreiniger (oder zwei in grüne Wasserfarbe gelegte weiße Pfeifenreiniger)
zwei Filzstücke in miteinander eng verwandten gelben Farbtönen: ein mehr dunkelgelbes Stück (2,5 x 8 cm) und ein mehr hellgelbes Stück (2,5 x 12 cm)
grüner Filz

Abb. 26: Löwenzahnblatt

Arbeitsanleitung:

Die gelben Filzstreifen werden an der Längsseite im Abstand von 1 cm eingekerbt. Vorsicht, die eingeschnittenen Filzstückchen sind jetzt sehr empfindlich! Rolle nun zuerst den dunkleren Streifen um die Spitze des Pfeifenreinigers und fixiere ihn mit etwas Leim oder ein paar Stichen. Wickle dann den anderen Streifen darum und befestige ihn ebenfalls. Mache aus einem Stückchen grünen Filz den unter den gelben Blütenblättern liegenden Kelchboden.

Schneide ein Blatt entweder nach der Zeichnung zu (Abb. 26), oder schaue dir ein echtes Löwenzahnblatt an. Der andere Pfeifenreiniger wird als Nerv auf das Blatt aufgenäht. Das Blatt wird ein wenig gebogen, so kommt der Nerv auf die Rückseite.

Blumenstengel und Blattstiel vereinen sich am unteren Ende, und das Blumenkind kann die Blume jetzt festhalten.

Ostern

Zu Ostern freuen sich die Menschen über das zunehmende Licht der länger werdenden Tage, die Wärme des Sonnenlichtes, die an windstillen Orten bereits zu spüren ist, die Frühjahrsblumen, die Farbe in die Natur hereinbringen, die Knospen an den Bäumen, die uns zeigen, daß die Blätter nun nicht mehr lange auf sich warten lassen. Die Vögel lassen sich hören, die Lämmer springen auf den Weiden umher – kurzum, die Osterzeit bringt große Freude. Es ist gut, sich das einmal bewußtzumachen. Kinder gehen freudig in all dem neuen, frischen Leben auf; Dinge, die tot schienen, offenbaren sich als wieder lebendig. Den Erwachsenen zeigt die Natur das Bild der Auferstehung, das wahre Osterfest. Auf dem Jahreszeiten-Tisch kann diese Auferstehung mittels Gartenkresse, Eiern, Küken, Lämmchen und Osterhasen ihren Ausdruck finden.

Abb. 27: Henne mit Küken

Henne mit Küken

Stellen sie sich einmal vor, sie hätten noch niemals ein Ei gesehen. Das Ding ähnelt einem Stein und ist scheinbar tot. Es ist daher auch höchst verwunderlich, wenn aus solch einem Ei plötzlich ein Küken zum Vorschein kommt. Aus dem scheinbar Toten erscheint ein Lebendiges. Das Küken ist der Ausdruck des neuen Lebens.

Die Henne (Abb. 27)

Material:

Häkelnadel Nr. 3
dazu passende Wolle
Füllwolle
roter Filz
ein dicker schwarzer Faden

Arbeitsanleitung:

Häkle einen Ring aus 3 Luftmaschen. Darauf werden 5 feste Maschen gehäkelt. Nun werden in jede feste Masche 2 feste eingehäkelt und so weiter, bis wir im ganzen 20 feste Maschen haben. Häkle dann in jede feste *eine* feste Masche (also einmal ringsherum). Häkle jetzt in die nächsten 4 festen Maschen jeweils 2 feste und 1 feste in die 5. Masche. Wiederhole dies viermal (36 feste Maschen). Häkle darauf feste Maschen bis zu einer Höhe von 12 Reihen (von der Mitte aus gerechnet). Der Hals entsteht, indem wir über 12 festen Maschen einen Zylinder häkeln, das heißt: Wir kehren am Ende einer Reihe nicht um, sondern arbeiten eine Abschlußmasche ein. Der Hals wird 5 Reihen hoch. Danach nehmen wir ab, indem immer 2 feste Maschen zusammengehäkelt werden, bis keine Maschen mehr übrig sind.

Fülle die Henne mit Wolle und nähe sie am Rücken zu. Für die Flügel häkeln wir 4 Luftmaschen und darauf 3 feste Maschen. Nun wird nicht gewendet, sondern wir häkeln auf der *Unterseite* weiter, und zwar 1 feste Masche in die Anfangsluftmasche und 3 feste in die andere Seite der Luftmaschen. Häkle danach noch 2 Runden und nehme an den kurzen Seiten weitere Maschen auf, so daß der Flügel flach bleibt. Häkle den anderen Flügel auf dieselbe Weise. Die beiden Flügel werden mit zwei kleinen Stichen (auf der Vorderseite) an den Seitenflächen des Leibes der Henne angenäht. Die Augen macht man mit Knopflochstichen, das heißt: Nehme eine kleine Masche auf, schlinge den Faden ein paarmal um die Nadel, ziehe ihn hindurch und steche an derselben Stelle wieder ein. Schneide aus Filz einen Schnabel, den Kamm und die zwei Kehlläppchen aus und nähe sie an den entsprechenden Stellen an.

Die Küken

Material:

zwei Stricknadeln Nr. 3
passende Wolle
ein dicker schwarzer Faden
oranger Filz

Arbeitsanleitung:

Anschlag: 20 Maschen, Strickart: rechts. Nach der 3. Reihe werden immer die ersten 2 Maschen

jeder Reihe zusammengestrickt. So immer weiter, bis nur noch 4 Maschen übrig sind. Übernehme die übriggebliebenen Maschen auf einen Faden und nähe die schrägen Seiten aufeinander. Fülle das Küken mit Füllwolle und nähe die Unterseite zu. Wenn die Unterseite offengelassen wird, paßt ein kleines Schokoladenei statt der Füllwolle hinein.

Wie die Henne bekommt das Küken Augen und einen Schnabel.

Hasen

Hasen gehören zum Osterfest wegen ihrer selbstlosen Opferhaltung: Wenn ein Hase verfolgt wird und ermüdet, übernimmt einer seiner Artgenossen seine Rolle und rennt an seiner Stelle vor dem Jäger her. Uralten Überlieferungen zufolge bringt der Osterhase neue Lebenskeime in der Form von Ostereiern.

Pomponhäschen

Material:

braune Strickwolle
brauner Filz
2 schwarze Perlen

Arbeitsanleitung:

Das Häschen wird aus drei kleinen Pompons angefertigt. Man macht einen Pompon aus vielen kurzen Fäden, die in der Mitte zusammengebunden werden. Je mehr Fäden verwendet werden, desto schöner wird er: Lege einen losen

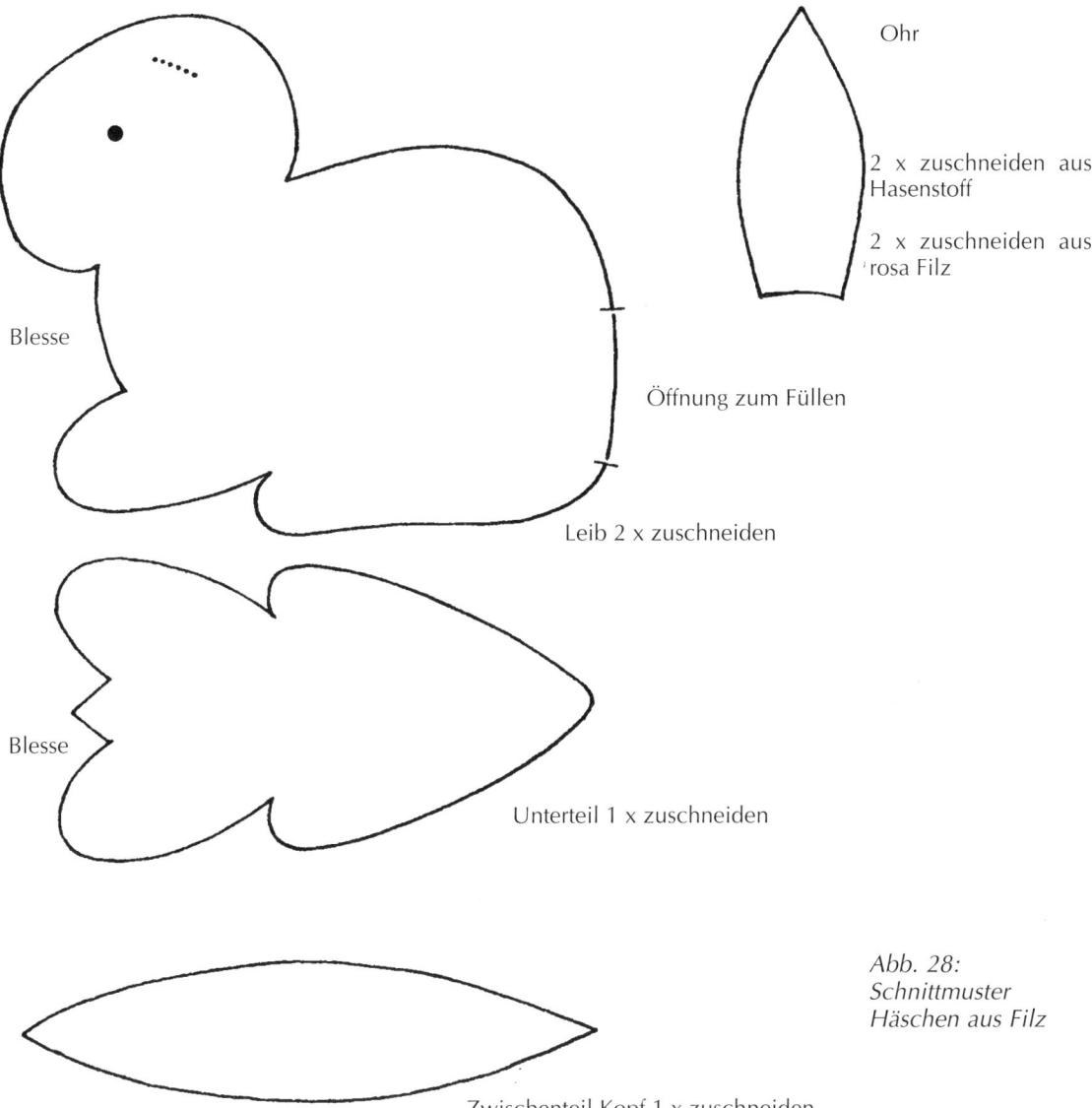

Ohr

2 x zuschneiden aus Hasenstoff

2 x zuschneiden aus rosa Filz

Blesse

Öffnung zum Füllen

Leib 2 x zuschneiden

Blesse

Unterteil 1 x zuschneiden

Abb. 28:
Schnittmuster
Häschen aus Filz

Zwischenteil Kopf 1 x zuschneiden

Faden von ungefähr 25 cm Länge zwischen Ring- und Mittelfinger der linken Hand. Wickle nun die Wolle um die geschlossenen Finger, halte die Hand dabei immer möglichst flach. Wenn genügend Wolle aufgewickelt worden ist, wird das Ganze in der Mitte mit dem Faden zusammengebunden, während man es vorsichtig von den Fingern herunterschiebt. Schneide dann die Schlingen auf. Schüttle den Pompon gut aus und schneide alle überstehenden Fäden ab.

Auf dieselbe Art wird nun ein Pompon über drei Finger angefertigt (für den Kopf) und einer über zwei Finger (für den Schwanz).

Nähe das Köpfchen auf den größten Pompon auf.

Flache die Unterseite so weit ab, daß das Häschen stehen kann. Das Schwänzchen wird so tief wie möglich angenäht. Schneide aus Filz zwei Hasenohren zu und nähe sie auf dem Köpfchen auf. Nun werden die zwei Perlen an den Augenpunkten mit einem Faden soweit eingezogen, daß sie in den Flusen gerade noch sichtbar sind. Bei größeren Hasen ist die Hilfe einer anderen Hand willkommen. Auch ein Stück Karton bietet sich an.

Häschen aus Filz

Material:

ein Stück Filz 14 x 18 cm in der Farbe eines Hasen
ein Stück rosa Filz
Füllwolle
2 schwarze Perlen
dünne Strickwolle für das Schwänzchen

Arbeitsanleitung:

Schneide alle Teile (Schnitt siehe Abb. 28) ohne Rand aus dem Filz zu. Wir nähen das ganze Häschen im Festonstich. Lege die zwei Teile für den Leib aufeinander und nähe von der Füllöffnung aus über den Rücken zum Hals. Nähe dann das Zwischenstück zwischen die Kopfteile. Schließe die Naht über dem Kinn bis zur Höhe der Blesse, lege das Unterteil auf den Leib und nähe es fest.

Stopfe den Hasen gut mit Wolle aus und nähe die Füllöffnung zu. Festoniere je ein braunes und ein rosafarbenes Ohrteil aufeinander, die Unterseite bleibt jedoch offen. Falte das Ohr der Länge nach ein wenig, so daß die rosa Seite innen liegt. Nun wird das Ohr mit der Unterseite am Köpfchen angenäht. Die Falte muß nach hinten weisen. Verfahre genauso mit dem anderen Ohr. Der Rest des Fadens wird nicht abgeschnitten, sondern durch das Köpfchen hindurch an die Stelle geführt, wo das Auge liegen soll. Fädle eine Perle auf den Faden und stich durch den Kopf hindurch zu der Stelle, wo das andere Auge liegen soll. Fädle die zweite Perle auf und gehe zum ersten Ohr. Ziehe den Faden so stark an, daß die Perlen (die Augen) ein wenig im Stoff eingebettet liegen. Am Ohransatz gut abheften. Mache eventuell ein paar Schnurrbarthaare aus Stickseide. Fertige einen ganz kleinen Pompon aus der dünnen Strickwolle an für das Schwänzchen.

Schaf mit Lämmchen

Material:

weißer Filz
Füllwolle
2 Stückchen Pfeifenreiniger von 7 cm
Länge
einige schöne Büschel gewaschene
Schafwolle
2 kleine schwarze Perlen

Arbeitsanleitung:

Schneide die Teile für *ein* Schaf ohne
Rand nach der Vorlage (Abb.29a) zu.
Lege das Zwischenbeinteil zwischen
die beiden Hauptteile. Nähe im Festonstich. Wickle etwas Füllwolle um
die Pfeifenreiniger und stecke beide
Enden des einen Pfeifenreinigers in
die Vorderpfoten, die des anderen in
die Hinterpfoten. Nähe von der Brust
aus aufwärts über den Kopf hinweg
bis zum Punkt A. Füge das Zwischen-
kopfstück ein und nähe es links und
rechts bis zum Punkt B fest. Nähe nun
ab Punkt C die Hälfte des Rückens,
bevor die Ohren angefertigt werden.
Stopfe den Kopf gut mit Wolle aus.
Schlage das Zwischenstück auf der
Rückseite des Kopfes bis zur Markierung (D) um. Die Linie D wird jetzt
bei C auf den Kopf genäht. Jetzt sind
die Ohren fertig. Fülle den Leib mit
Wolle und nähe ihn zu. Lege ein
schönes Büschel Wolle auf den Rük-
ken des Schafes und nähe es mit will-

38

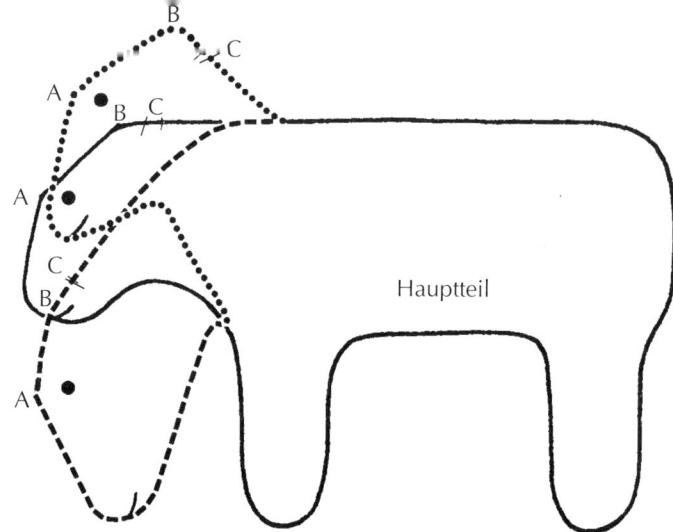

Abb. 29a: Schnittmuster Schaf

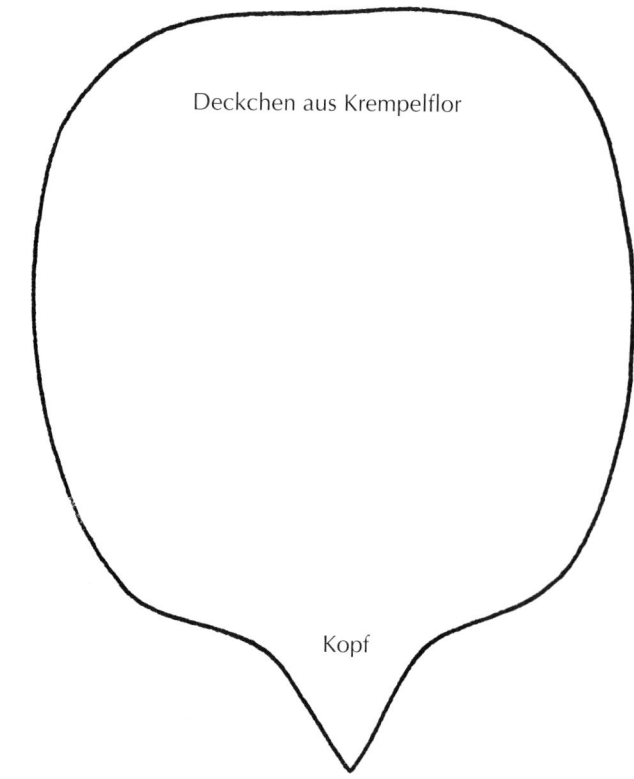

Deckchen aus Krempelflor

Kopf

kürlichen, kleinen Stichen dort fest. Wiederhole dies solange, bis das Schaf ein schönes Fell erhalten hat. Manche Schafe haben sogar ein Fell, das bis auf den Kopf reicht.

Hefte mit einer dünnen Nadel einen Faden im Nackenbereich an und steche durch den Kopf hindurch zu der Stelle, wo das Auge liegen soll. Fädle die zweite Perle auf und fahre zurück zum Nacken. Ziehe den Faden soweit an, daß die Augen ein wenig im Kopf zu liegen kommen. Gut abheften. Jetzt wird das Mäulchen gestickt.

Statt der losen Wolle kann das Schaf auch ein Deckchen aus Krempelflor erhalten (Schnitt siehe Abb. 29a).

Die Schnittmuster sind für Schafe in verschiedenen Haltungen geeignet, die auf dieselbe Art angefertigt werden. Die Lämmchen sind etwas kleiner; bei ihnen mißt der Pfeifenreiniger nur 5 cm, und sie bekommen nur wenig oder gar keine Wolle aufgenäht.

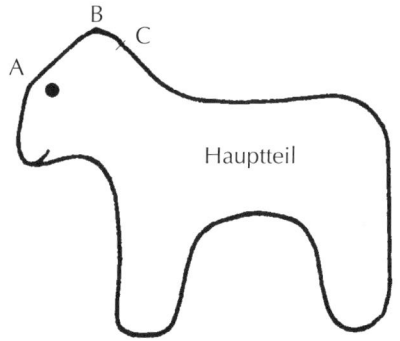

Hauptteil

Pro Schaf oder Lamm: Hauptteil 2 x zuschneiden
Zwischenteil 1 x zuschneiden
Zwischenkopfteil 1 x zuschneiden

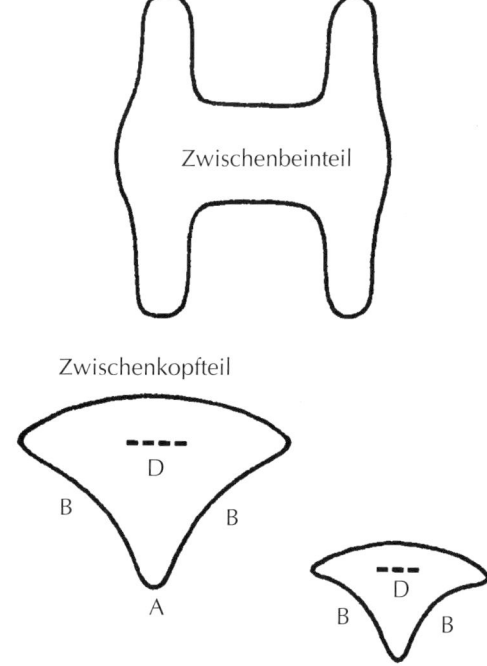

Zwischenbeinteil

Zwischenkopfteil

Abb. 30: Schnittmuster Lamm

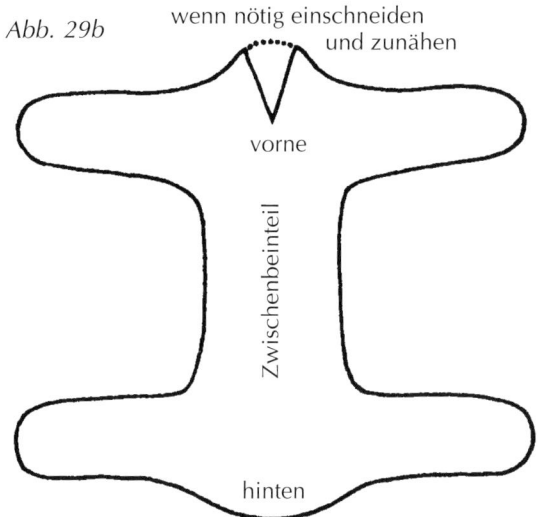

Abb. 29b

wenn nötig einschneiden und zunähen

vorne

Zwischenbeinteil

hinten

Himmelfahrt und Pfingsten

Vierzig Tage nach Ostern ist Himmelfahrt. Die Blütenwelt scheint bis an den Himmel zu reichen, noch weiter der Blütenstaub. Die Knospen der Bäume gehen auf, das grüne Laub erscheint. Die Erde tritt in die Ausatmung ein. An den Straßenrändern und auf den Weiden kommen die Blumen wieder zum Vorschein. Und auf dem Jahreszeiten-Tisch tragen die Blumenkinder immer neue Arten von Blumen herbei.

Zehn Tage später, fünfzig Tage nach Ostern, feiern wir das Pfingstfest. Die Natur lockt uns hinaus ins Freie. Wir spüren die Freuden und die Freiheit, die uns die Natur schenkt. Der Jahreszeiten-Tisch kann zu Pfingsten mit Papierblumen geschmückt werden. Es mag verwundern, daß wir just in einer Zeit, da uns die Natur so viele Blumen schenkt, Papierblumen anfertigen. Das Pfingstfest kann uns auch dazu anregen, selbst tätig zu werden, selbst Formen zu ersinnen. Papier ist ein Material, das sich gut hierfür eignet: Wir können mit nur wenig Anstrengung unsere Ideen daran ausprobieren und realisieren. Mancher ist überrascht, wenn er sieht, was unter seinen Händen in nur kurzer Zeit entstanden ist. Am besten ist es, überhaupt nicht nach festen Vorbildern und Vorgaben zu arbeiten. Deswegen geben wir im folgenden nur ein paar grundsätzliche Hinweise.

Papier ist, vor allem in sonnigen Zimmern, nicht sehr haltbar. Es verliert schnell seine Farbe, doch das ist gar nicht so schlimm – im nächsten Jahr wird es wieder Pfingsten, und wir bekommen hoffentlich wieder neue Inspirationen.

Papierblumen

Material:

Seiden- oder Kreppapier
Schere, Klebstoff, Klebeband
dünner Eisendraht oder Eisengarn
Peddigrohr, Eisendraht Nr. 8 oder Ästchen
(für den Stiel)

Arbeitsanleitung:

Wickeltechnik

Ein Papierstreifen (eventuell etwas eingekerbt) wird am oberen Ende des Stiels mit Klebstoff, Klebeband oder Eisendraht befestigt. Indem man den Stiel dreht, entsteht eine Blume. Man kann nacheinander verschiedenfarbige und verschieden ausgeschnittene Streifen herumwickeln. Beispiele finden sich auf Seite 28.

Das Papier kann beim Wickeln um den Stiel herum ein wenig in Falten gelegt werden, dadurch entsteht ein größerer Hohlraum im Blumenkelch. Der Kelchboden wird durch Umwickeln mit Eisengarn bzw. Eisendraht fixiert.

Kneiftechnik

Kneife ein Stückchen Papier in der Mitte etwas zusammen, so daß eine Blume entsteht. Experimentiere mit verschiedenen Formen, Größen und Schichten, die übereinandergelegt werden können. Diese Blumen lassen sich einfach mit etwas Klebeband oder dünnem Eisendraht auf dem Stiel befestigen.

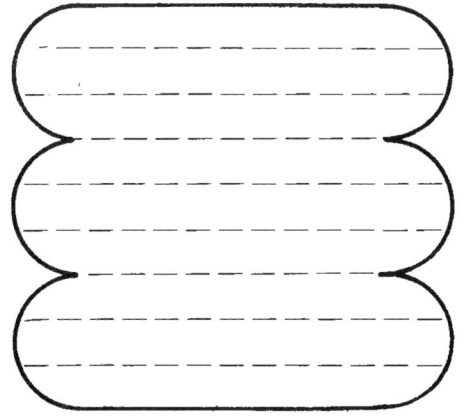

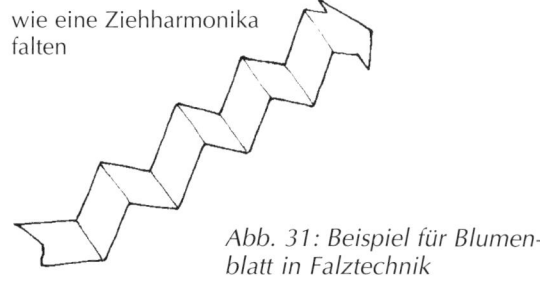

wie eine Ziehharmonika falten

Abb. 31: Beispiel für Blumen-blatt in Falztechnik

Falttechnik

Schneide einen kleinen Stoß Papierchen in einer Farbe bzw. miteinander gut harmonierenden Farbtönen zu. Schneide eventuell die einander gegenüberliegenden Seiten etwas ein. Falte nun den ganzen Stoß wie eine Ziehharmonika (Abb. 31). Binde das Päckchen in der Mitte mit einem kurzen Eisendraht zusammen. Dieser Draht kann zugleich den Stiel abgeben. Jetzt werden vorsichtig die verschiedenen Schichten nacheinander ein wenig nach oben herausgezogen.

Ausführung:

Diese Blumen können ohne Stiel auf einen mit grünem Papier umwickelten Kranz aufgeklebt werden. Wenn sie in eine Vase gestellt werden sollen, müssen auch die Stengel schön aussehen: Umwickle sie mit einem schmalen Streifen aus grünem Papier, ausgehend vom Kelchboden. Dort wird der Streifen mit etwas Leim fixiert. Beim Umwickeln der Stengel kann hier und dort ein Blatt befestigt werden. Man kann auch lose grüne Zweige dazu anfertigen, als Basis für einen Blumenstrauß. Einfach beginnen und der Phantasie freien Lauf lassen – so kommen oft die schönsten Resultate heraus!

Pfingsttäubchen

Die weiße Taube ist ein Bote des Himmels. Zeichne selbst ein Täubchen oder verwende die Vorlage (Abb. 32). Der Körper wird aus Elfenbeinkarton, z.B. einer Briefkarte, ausgeschnitten. Zeichne auf beiden Seiten ein Auge, mache ein Loch für den Faden zum Aufhängen und schneide wie angegeben einen kleinen Schlitz in den Leib (für die Flügel).
Die Flügel können aus allerlei Materialien hergestellt werden: einem Stückchen Seidenpapier, dünnem Silberkarton, dünnem weißen Papier oder einer Tortenunterlage. Die Flügel messen ungefähr 7 x 13 cm. Sie werden fächerförmig gefaltet und durch den Schlitz im Rücken der Taube geschoben. Die Flügel sind auf beiden Seiten gleich groß und sehen am schönsten aus, wenn sie gut aufgefächert sind.
Hänge das Täubchen an einem Faden über dem Jahreszeiten-Tisch auf.

Pfingstpärchen

Es ist ein alter Brauch, zu Pfingsten die Pfingstbraut mit Papierblumen und Schellenglöckchen
zu schmücken. Das findet unter dem «Himmels-
bogen» statt, einem mit Blumen und grünem
Laub geschmückten Durchgang. Der Brautzug
zieht anschließend durch das ganze Dorf.
Wo dieser Brauch noch bekannt ist, vielleicht
sogar in der Schule gefeiert wird, kann das
Pfingstpaar auf dem Jahreszeiten-Tisch erscheinen.

Die kleine Braut

Material:

Füllwolle
ein Stück Untertrikot 11 x 11 cm
ein Stück Puppentrikot 6 x 6 cm
ein Rest Puppentrikot für die Händchen
60 cm Eisendraht Nr. 4
ein Stück weiße Seide (für das Kleid) 20 x 16 cm
ein Stück Spitze, 12 cm lang, für den Kragen

ein Stück weichen weißen Stoff für die Pluderhose (11 x 9 cm)
2,5 m hellgelbe Mohairwolle
Stickseide für das Haarband und die Ornamente
auf dem Kleid
2 Stückchen weißes Bienenwachs in der Größe
einer Murmel (für die Schuhe)

Arbeitsanleitung:

Mache einen Puppenkopf (7 cm Längsumfang)
mit Augenlinie (siehe S. 13) und gesticktem Haar
(siehe S. 16).
Das Gerüst für den Leib wird aus Eisendraht
angefertigt. Dafür benötigen wir ein Stück Draht
von 32 cm Länge für den Leib und die Beine und
eines von 28 cm für die Arme. Biege die Skelet-
teile wie auf der Skizze dargestellt (Abb. 33).
Befestige die Arme am Leib mittels der überstehenden Drahtenden. Umwickle nun das Skelett
mit einer dünnen Schicht Schafwolle, wobei an
den Beinen unten 1 cm für die Schuhe frei bleiben muß.
Nun kann das Köpfchen an seinen Ort gesetzt
werden. Schneide das Trikot-Halsstück an beiden Seiten ein, ziehe es auf der Vorder- und
Hinterseite herunter und binde es gut unter den
Armen fest. Lege den Pup-
pentrikot für die Händchen
doppelt, zeichne sie auf
(Schnittvorlage auf Abb.
34), nähe sie, schneide sie
aus und wende sie um.
Schiebe sie auf die Arm-

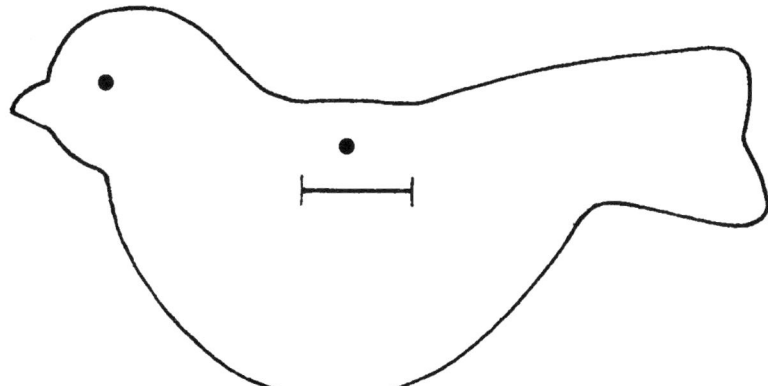

Abb. 32:
Beispiel Pfingsttäubchen

enden und nähe sie gut an den «Handgelenken» fest.

Schneide Hose und Kleid nach dem Schnitt (Abb. 34) zu (einen kleinen Rand stehenlassen!) und nähe sie zusammen. Hefte den Saum des Kleides mit Zierstichen ab. Ziehe dem Püppchen die Pluderhose an. Ihr Oberrand wird unter den Armen befestigt. Kräusle den Halsrand des Kleidchens und lasse den Faden daran hängen. Ziehe der Puppe das Kleid an, ziehe den Heftfaden an, verteile die Falten gut um den Hals und nähe den Halsrand dann am Hals fest. Kräusle nun die Ärmel-Enden, schlage die unsaubere Kante nach innen, ziehe den Heftfaden an und nähe die Ärmel an den Handgelenken an.

Kräusle den Spitzenkragen und lege ihn um den Hals. Biege die unteren Enden der Beine 1 cm nach vorne. Knete das Wachs weich und modelliere die Schuhe um den Eisendraht herum. Achte darauf, daß die Sohlen so flach sind, daß das Püppchen gut stehen kann. Jetzt werden die unteren Ränder der Hosenbeine zusammengezogen. Achte darauf, daß sie schön auf die Schuhe fallen.

Flechte aus drei Fäden Stickgarn (17 cm lang) ein Kränzchen um den Kopf herum, knüpfe die Enden zusammen und lasse sie offen hängen. Stikke mit Knotenstichen kleine Blumen auf das Kränzchen.

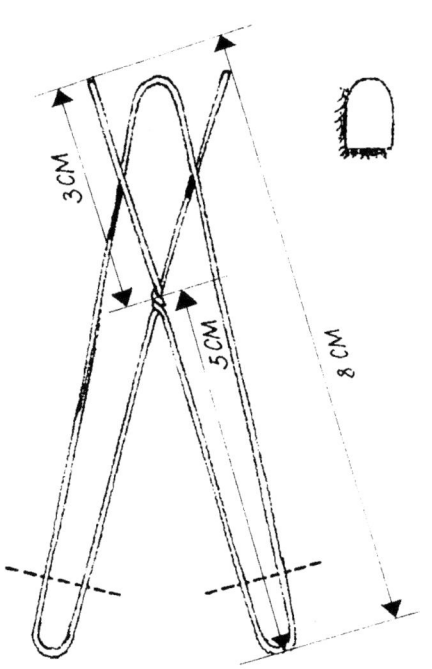

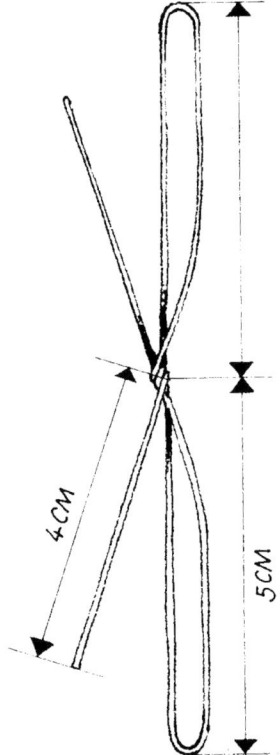

Abb. 33: Biegen des Eisendrahtes

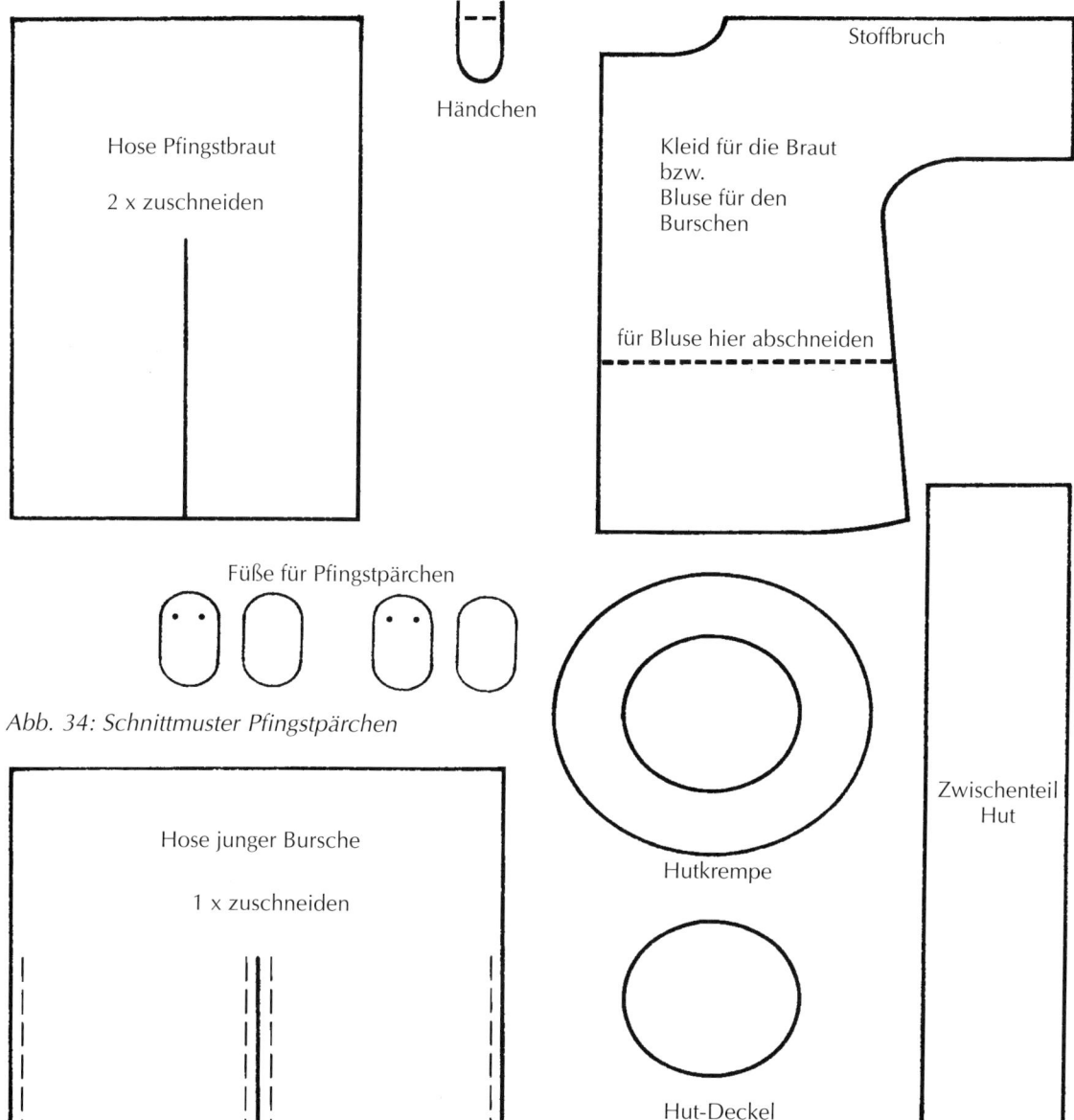

Hose Pfingstbraut

2 x zuschneiden

Händchen

Stoffbruch

Kleid für die Braut
bzw.
Bluse für den
Burschen

für Bluse hier abschneiden

Füße für Pfingstpärchen

Abb. 34: Schnittmuster Pfingstpärchen

Hose junger Bursche

1 x zuschneiden

Hutkrempe

Hut-Deckel

Zwischenteil
Hut

Rosenbukett

Pro Rose benötigt man einen Streifen Seidenpapier von 2 x 6 cm, der der Länge nach zusammengefaltet wird. Halte den schmalen Streifen zwischen Daumen und Zeigefinger der linken Hand, so daß der Falz nach oben zeigt (Abb. 35). Modelliere nun ein Röschen: Der Streifen wird mit Daumen und Zeigefinger der rechten Hand langsam aufgerollt; die Oberseite (geschlossen) wird der Kelchboden, die offene Seite die sich öffnende Rosenblüte. Auf die Spitze des Kelchbodens wird nun ein Tropfen Leim aufgetragen. Ein rundes Stück grünes Seidenpapier (etwa 2,5 cm Durchmesser) wird in der Mitte etwas zusammengedrückt und das Röschen eingeklebt. Den Stiel bildet ein Stückchen Seidenpapier (1,5 x 3 cm), das um die Spitze des Blütenbodens herumgerollt wird.
Einige dieser Rosen bilden einen Brautstrauß, der in der Hand der Braut festgenäht wird.

Abb. 35: Rosen aus Seidenpapier

Junger Bursche

Material:

Füllwolle
ein Stück Untertrikot 11 x 11 cm
ein Stück Puppentrikot 6 x 6 cm
ein Restchen Puppentrikot für die Hände
60 cm Eisendraht Nr. 4
ca. 2,5 m Mohairwolle für die Haare
ein Stück weiße Seide für die Bluse, 11 x 16 cm
ein Stück Spitze für den Kragen, 12 cm lang
Filzstücke für die Hose und den Hut, ca. 8 x 12 cm
ein Rest Seide für die Strümpfe
2 Stückchen Bienenwachs in der Größe einer Murmel für die Schuhe
Schaschlikspieß aus Holz
Stickgarn
winzige Glöckchen oder Perlen

Arbeitsanleitung:

Das Grundgerüst für den jungen Burschen ist dasselbe wie bei der kleinen Braut.
Schneide die Bluse nach der Schnittvorlage (Abb. 34) zu (lasse einen kleinen Rand stehen!) und nähe sie zusammen. Der Halsrand der Bluse wird gekräuselt. Ziehe der Puppe die Bluse an, ziehe den Kräuselfaden an, verteile die Falten gleichmäßig über die Bluse und nähe den Halsrand rund um den Hals an. Kräusle die Ärmelenden, schlage die unsaubere Kante nach innen um, ziehe den Kräuselfaden an und nähe die Ärmel an den Handgelenken fest. Auch der Spitzenkragen wird gekräuselt und am Hals festgenäht.

Die Strümpfe werden aus einem Stückchen Seide gemacht, das um die Waden gewickelt wird. Die unsauber Kante wird nach innen geschlagen und mit kleinen Stichen am oberen Ende der Waden festnäht. An der Unterseite muß 1 cm des Beins für die Füße bzw. die Schuhe freibleiben. Schneide die Filzhose zu (ohne Zugabe). Nähe die Innennähte der Beinteile. Ziehe dem Burschen die Hose an und stopfe sorgfältig die Bluse hinein. Das Gesäß wird mit etwas Wolle ausgestopft und danach die rückwärtige Mittelnaht zugenäht. Die Hose wird in der Taille ein wenig zusammengezogen und dann festgenäht.

Das unterste Stück des Eisendrahtes, das die Beine bildet, wird 1 cm nach vorne gebogen. Knete das Wachs weich und modelliere die Schuhe um den Eisendraht herum. Die Strümpfe werden unten einfach mit in den Schuh verarbeitet. Die Sohlen müssen flach sein, so daß der Junker gut stehen kann.

Schneide den Filzhut (Abb. 34) ohne Zugabe zu, nähe ihn zusammen und setze ihn auf den Kopf des Burschen. Mache aus einem Schaschlikspieß und kleinen Glöckchen, die mit Fäden an dessen Spitze befestigt werden, einen Schellenbaum und nähe ihn in die Hand des Junkers ein.

Die kleine Rosenpforte

Material:

100 cm Eisendraht Nr. 4
grünes Seidenpapier, 2 cm breit und so lang wie möglich
einige Rosen ohne Blatt und Stiel nach der Beschreibung auf S. 45 (Rosenbukett)

Arbeitsanleitung:

Biege die Enden des Eisendrahtes so weit zur Mitte hin um, daß er eine Gesamtlänge von 46 cm hat. Drehe ihn zusammen und biege ihn in die Form eines schönen Bogens. Schneide den Seidenpapierstreifen auf seiner ganzen Länge von der Seite her viele Male bis etwas über die Mitte hinweg ein. Lege den Streifen mit der eingeschnittenen Seite nach oben auf den Eisendraht und wickle ihn um ihn herum, bis der ganze Bogen damit bedeckt ist. Falls ein Streifen nicht reicht, wird mit einem Tropfen Klebstoff ein neuer angefügt.

Klebe die Röschen auf die Vorderseite des Bogens.

Biege die «Füße» des Bogens 2 cm weit nach hinten um und beschwere sie mit schönen Kieselsteinen, so daß die kleine Rosenpforte nicht umfällt.

Johanni

Wenn die Tage nicht mehr länger werden, fängt kalendermäßig der Sommer an. Die Sonnenbahn hat ihren Höhepunkt erreicht. Die Bäume stehen in vollem Laub, die Blumen verströmen ihren Duft, Schmetterlinge fliegen umher. Was im Winter in der Erde schlief, ist nun zur vollen Entfaltung gekommen. Alles ist grün. Dann kommt die Johanni-Nacht, in welcher die Naturwesen ihr Fest feiern und wundersame Dinge geschehen – oder ist alles nur ein Sommernachtstraum? Die Sonne lockt uns heraus ins Freie und läßt uns die täglichen Sorgen vergessen. Dennoch können wir nicht völlig in der Natur aufgehen – wir müssen den Faden aufs neue aufgreifen. Unmerklich machen wir uns auf den Weg in die Herbstzeit. Die ersten Früchte sind bereits geerntet. Die Tage werden langsam ein wenig kürzer.

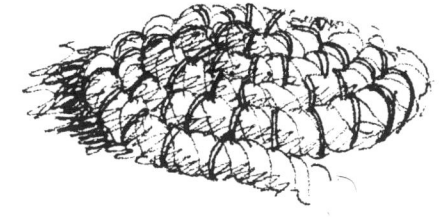

Bienenkorb mit Bienen

Wie weit die Bienen auf der Suche nach dem Honig auch ausschwärmen mögen, sie kehren doch immer wieder mit ihrer süßen Fracht in den Bienenkorb zurück.

Bienenkorb

Material:

ein etwas faseriges Seil
eine große Rolle festes Garn

Abb. 36: Bienenkorb

Arbeitsanleitung:

Das eine Ende des Seils wird zu einer kleinen Schlinge gedreht. Diese Schlinge wird am Seil festgenäht und so weit wie möglich zusammengezogen. Dann wird sie mit dem Faden, wie auf der Skizze dargestellt, umnäht; wie ein Bund Stroh, das zusammengebunden wird. Nach der Umrundung der Schlinge wird das lose Ende in der gleichen Weise umschlungen und auf die jeweils vorangehende Windung aufgenäht, bis schließlich eine Matte entstanden ist, die ruhig ein wenig gewölbt sein darf (Abb. 36, S. 49). Wenn der Korb breit genug ist, wird beinahe senkrecht abwärts weitergearbeitet. Lege selbst die endgültige Form fest. Der Korb soll unten etwas breiter werden, so daß er gut stehenbleibt.

Bienen

Material:

Erlenzapfen vom Vorjahr
weißes Seidenpapier
dunkelgelbe Strickwolle

Arbeitsanleitung:

Wir fertigen einen Bienenleib an, indem wir einen Wollfaden etwa viermal um einen Erlenzapfen herumwickeln. Die Enden des Fadens werden kurz abgeschnitten und zwischen die Schuppen des Zapfens geschoben. Schneide die Flügel wie auf Abb. 37 angegeben aus Seidenpapier aus.
Lege die Flügel auf den Leib und binde den Aufhängefaden darum. Die Flügel sitzen nun ein wenig zwischen den Schuppen des Erlenzap-

fens. Falte sie vorsichtig auf. Schneide das kurze Ende des Fadens ab. Hänge die Bienen an einen Ring von etwa 10 cm Durchmesser und gebe den Aufhängefäden verschiedene Längen, so daß der Eindruck eines Bienenschwarms entsteht. Fertige auch einige Bienen ohne Faden an und befestige sie mit einer Stecknadel bei bzw. auf dem Bienenkorb.

Elfen

Material:

30 cm weißes Kammgarn, 2 cm breit
11 cm weißes Kammgarn, 2 cm breit
40 cm Kordonettseide
ein Stück Seide 20 x 11 cm

Arbeitsanleitung:

Binde einen Knoten in die Mitte des längeren Kammgarnstreifens und lege die Enden aufeinander. Der Knoten bildet den Kopf des Elfchens. Binde den Hals mit Kordonettseide ab: Dabei wird der Faden in der Mitte angelegt, der Knoten sitzt hinten. Lege jetzt den kürzeren Streifen (für Arme und Flügel) quer zwischen die beiden Enden des längeren Streifens, unterhalb des Kopfes. Kreuze sowohl das linke als das rechte Ende des Abbindefadens über der Brust, danach einmal hinten in Höhe der Taille, dann vorne auf Taillenhöhe, und mache schließlich hinten in

Abb. 37:
Bienenflügel

der Mitte einen Knoten. Gebrauche die Hälfte des querverlaufenden Stücks für die Arme und zwirble die Wolle in Höhe der Handgelenke mit nassen Fingern zusammen. Das hinter den Armen gelegene Stück wird für die Flügel schön aufgebauscht. Auch das Röckchen wird aufgebauscht. Lasse es in einer Spitze enden.

Falte das Seidenstück in vier Teile und schneide alle vier Ecken gleich rund zu. Falte den Lappen wieder auseinander und ziehe einen Reihfaden entlang der Mittellinie der längsten Seite ein. Ziehe ihn an, bis die in der Mitte entstehenden kleinen Falten zusammen 1 cm breit sind. Nähe die Seidenflügel auf den Rücken der Elfe und führe den Faden durch den Kopf der Elfe nach oben, so daß sie an ihm schwebend aufgehängt werden kann.

Kleine Graspüppchen lassen sich am besten anfertigen, solange das Gras noch feucht ist. Nehme ein etwa fingerdickes Grasbüschel, falte es zusammen und binde es mit einem Grashalm oder einer dünnen Schnur ab. Das abgebundene Stück bildet den Kopf. Lege nun ein etwas dünneres Grasbüschel (für die Arme) zwischen die Enden des ersten Büschels unterhalb des Kopfes. Binde die Taille ab. Die Hände entstehen durch Abbinden der Arme in Höhe der Handgelenke. Jetzt ist die Puppe fertig. Soll es eine männliche Puppe werden, erhält sie noch Beine, die wie die Arme abgebunden werden. Je nach den zur Verfügung stehenden Hilfsmitteln gelingen die Püppchen mehr oder weniger perfekt. Versuche es auch einmal ganz ohne Hilfsmittel – es geht eigentlich ganz gut!

Gras

Lange Grashalme sind eine besondere Zierde des Jahreszeiten-Tisches. Schaue einmal draußen, wieviele verschiedene Arten blühenden Grases dort zu finden sind. Sie können als ein Strauß in einer Vase arrangiert werden, auf den Tisch gelegt oder in eine Kartoffel gesteckt werden (bohre zuerst mit einer dicken Nadel ein paar Löcher vor).

Langes Gras eignet sich auch gut zum Flechten: Nehme drei Grashalme oder dünne -büschel und flechte einen Strang. Die Enden können mit einem flachen Knoten bzw. einem losen Halm zu einem Kranz zusammengebunden werden, der mit Blumen verziert werden kann, die einfach lose hineingesteckt werden (Abb. 38). Wenn das Johannifest gefeiert wird, dient der Kranz als Kopfschmuck.

Abb. 38: Geflochtener Kranz aus Gras

Hochsommer

Einige Vorschläge:

Während der Sommerferien erhält die Ausstattung des Jahreszeiten-Tisches oft weniger Aufmerksamkeit. Ein strohgelbes Tuch und ein paar Blumen, die versorgt werden – dabei bleibt es häufig. Schöne Dinge, die zufällig gefunden wurden, können auf dem Jahreszeiten-Tisch zusammengestellt werden. Das kann auch irgendeine in der Schule oder im Kindergarten angefertigte Arbeit sein, die die Kinder über die Ferien mit nach Hause nehmen dürfen. Oder eine tote Biene, die auf der Fensterbank lag und nun aus der Nähe bewundert werden kann. Auch Muscheln, Kieselsteine, kleine Zweige, Moosstücke und allerlei andere Dinge, die von den Kindern aus Begeisterung gesammelt und aufgehoben worden sind.

Wenn es sehr heiß ist, ist es oft schön, wenn man drinnen, wo es kühl ist, mit den Kindern aus den draußen gefundenen Schätzen etwas bastelt. Natürlich auch dann, wenn es regnet.

- Ein Mosaik aus Muscheln.
- Eine Sandburg. Gebe ein wenig Stärke zum nassen Sand, um die Stabilität zu erhöhen (siehe Abb. 39).
- Boote aus Rindenstücken und Zweigen. Ein Blatt ist das Segel.
- Ein Stock wird mit einem Messer schön bearbeitet.
- Vögelchen aus Federn, die in einen kleinen Tannenzapfen oder einen Leib aus Bienenwachs gesteckt werden.
- Ein Schwan: Auf einen Pfeifenreiniger werden weiße Federn geklebt. Der Schnabel ist aus Bienenwachs.
- Ein kleiner Teich aus einer Glasplatte mit einem darunterliegenden blauen Tuch.

So kann die Arbeit am Jahreszeiten-Tisch zum ruhenden Pol im Ferientrubel werden.

Abb. 39: Sandburg

Herbst

Der Sommer geht seinem Ende zu. Tage und Nächte werden wieder gleich lang, wie in der Osterzeit. Nach Ostern sind die Tage immer länger geworden, das Licht hat gesiegt. In den Sommermonaten haben sich die Pflanzen und Bäume entwickelt, Blatt, Blüte und Fruchtbildung sind aufgetreten. Nun ist es Zeit geworden, sich einmal umzuschauen, was uns die Ernte gebracht hat. Auf dem Jahreszeiten-Tisch erscheinen Früchte und Samen. Das zarte Rosa des Frühlings ist durch die Kraft der Sonne zum tiefen Rot gereift und wird schließlich zum Braun werden. Inmitten der Abbauprozesse muß der Mensch den Mut entwickeln, sich gegen diesen Abbau zu stellen. Um diesen Mut zu stärken, feiern wir am 29. September das Michaelsfest. Den Erzengel Michael im Kampf mit dem Dra-

Abb. 40:
Drachen aus Fruchthüllen von Kastanien

chen finden wir auf vielen alten Abbildungen. Häufig wird er auch mit einer Waage abgebildet. Michael will uns lehren, den Mut zu behalten, wenn die Natur dem Scheine nach stirbt, und dasjenige in uns, was «drachenhaft» ist, in Angriff zu nehmen und zu zähmen.

Wir können auf dem Jahreszeiten-Tisch einen Drachen aus den stachligen Fruchthüllen der Kastanien erscheinen lassen (Abb. 40). Man sollte ruhig den Mut haben, auch die stachligen Seiten der Kastanien mitzuverwenden, nicht nur die glatten, glänzenden Früchte selbst.

Kürbiskindchen

Material:

ein Stückchen weiches Untertrikot, 12 x 12 cm
Füllwolle
ein Stück Puppentrikot, 6 cm breit und 7 cm hoch
ein rundes Flanellstück, Durchmesser 18 cm, orangefarben
orangefarbene Strick- oder Märchenwolle für die Haare
grüne Filzreste: 10 x 2,5 cm für den Kragen, 8 x 1 cm für den Stiel

Arbeitsanleitung:

Zuerst wird ein einfacher Puppenkopf angefertigt (9 cm Längsumfang, Herstellung nach der Beschreibung auf S. 13). Ziehe einen orangefarbenen Reihfaden etwa 1 cm vom Rand entfernt in das runde Flanellstück ein, ziehe ihn etwas an und fülle den «Kürbis» mit Wolle. Stecke den Hals des Puppenköpfchens in die verbleibende

Öffnung und ziehe den Faden vollends an. Die unsaubere Kante soll dabei nach innen fallen. Verteile die Falten gleichmäßig, so daß der Kürbis schön rund wird, und nähe dann den Hals fest. Versehe den Kopf mit gestickten Haaren (Beschreibung siehe S. 16). Falte das Filzstück der Länge nach (dies wird der Stiel), nähe es zusammen und dann auf den Scheitel auf. Schneide den Kragen aus, entweder als echten Kragen einer Bluse, oder schneide einfach den Streifen ein, etwa so, wie es bei der Anfertigung der Blumenkinder beschrieben wurde (S. 28). Braune Augen stehen diesen Kürbiskindchen besonders gut.

Nach dieser Methode lassen sich auch allerlei andere «Früchtekinder» anfertigen.

Abb. 41: Pilz

Pilze

Material: (für große und kleine Pilze):

für den Hut: 2 Stücke roten Filz von 6 und 8 cm Durchmesser, nach Augenmaß ausgeschnitten, so daß sie nicht völlig rund werden
außerdem: 2 Stückchen Filz (beige), in derselben Größe wie die roten Filzstücke
für die Stiele: 2 beige Filzstücke (4 x 7 bzw. 6 x 7 cm)
für die Fußstücke: ein rundes Filzstück (beige), Durchmesser 2 cm
für das Röckchen: 2 weiße Filzstücke, 7 x 3 cm
für die Punkte: verschieden große und unregelmäßig geformte weiße Filzstückchen
kleine Steinchen zum Füllen des Stiels
ein Stückchen Blei
Füllwolle

Arbeitsanleitung:

Das für den Stiel bestimmte Filzstück wird der Breite nach gefaltet und mit einem Faden in der Farbe des Stoffes ohne Saum zusammengenäht. Die Unterseite wird mit dem Fußstück verschlossen, der Stiel wird mit einem flachen Bleistück, welches unten hineingelegt wird, stabilisiert und dann mit kleinen Steinchen gefüllt.

Der beigefarbene Hut wird vierfach gefaltet. Nun wird in der Mitte ein kleines Kreuz eingeschnitten. Nähe nun das rote und das beige Stück zusammen und wende den Hut durch das eingeschnittene Kreuz um. Der Hut wird locker mit Füllwolle gefüllt und auf den Stiel genäht, wobei das Kreuz im Stiel verschwinden soll. Das Röckchen bekommt Zacken und wird etwas unterhalb des oberen Stielendes um den Stiel herum genäht. Schließlich werden die weißen Flecken bzw. Punkte unregelmäßig über den Hut verteilt und angenäht.

Handelt es sich um «Pilzkindchen», kann man beim Zunähen des Stieles eine kleine Stelle offenlassen, dort schaut dann ein winziges Gesichtchen heraus (siehe Abb. 41). Der Pilz kann auch ein Häuschen sein.

Igel aus einer Kardenblüte

Material:

eine Kardenblüte (lat. Dipsacus fullonum)
3 Stecknadeln mit schwarzen Köpfen

Arbeitsanleitung:

Trenne die Blüte vom Stengel, doch achte darauf,
daß noch ½ cm für das Schnäuzchen übrig bleibt.
Schneide die langen, halmartigen Teile um das
Schnäuzchen herum ab. Flache eine Seite durch
Entfernen der Stacheln ab, so daß der Igel nicht
umrollen kann. Nun wird für das Näschen eine
Stecknadel in die hohle Öffnung des Stengelrests
gesteckt (Abb. 42). Die anderen beiden Stecknadeln (für die Augen) werden schräg oberhalb der
Nase hineingesteckt (Abb. 42), so saß sie bis auf
die Köpfe völlig in der Kardenblüte verschwinden. Sollten die Stacheln des Igels an der Vorderseite allzu steil aufragen, werden sie schräg abgeschnitten. Der Igel ist vorne spitz und hinten
rund.
Igel sind nicht gerne allein …

Abb. 42: Igel aus einer Kardenblüte

Spinne aus einer Kardenblüte

Aus den untersten langen Stacheln der Kardenblüte kann ganz leicht eine Spinne gebastelt
werden: Schneide zuerst den Stiel ganz ab und
trenne dann die «Spinne» von dem Rest der Blüte (Abb. 43).

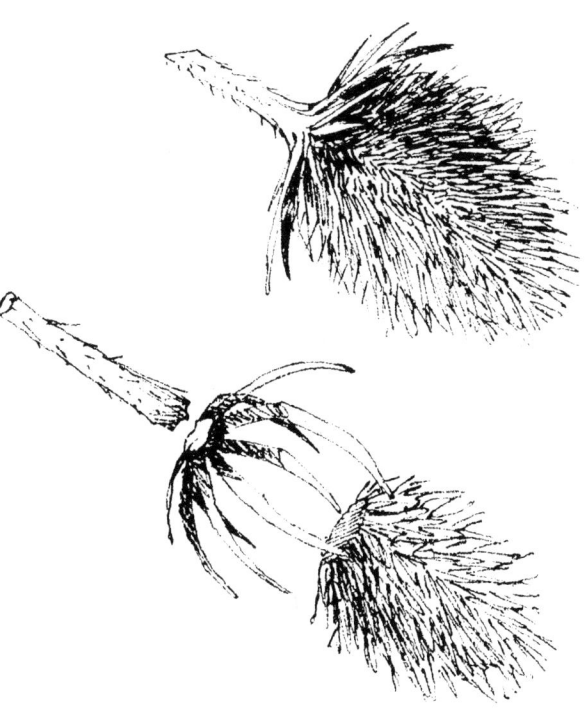

Abb. 43: Spinne aus einer Kardenblüte

Junge mit Drachen

Der Drachen ist ein Symbol für die Herbstzeit. Beim Steigenlassen eines Drachen wird mit einer Schnur eine, wenn auch dünne, Verbindung mit dem Himmel hergestellt. Es ist eine spannende Herausforderung, den Drachen im Zaum zu halten und ihn zu zwingen, das zu tun, was wir von ihm verlangen.

Junge

Material:

Füllwolle
ein Stück Untertrikot, 11 x 11 cm
ein Stück Puppentrikot, 6 x 6 cm
ein Rest Puppentrikot für die Hände
6 Pfeifenreiniger oder 60 cm dünnen Eisendraht Nr. 4
Wolle für die Haare
2 Stricknadeln Nr. 2,5
ein Rest dazu passende rote Wolle
dünne braune Wolle
eine passende Häkelnadel
ein Stückchen Bleiblech
Filzreste für die Schuhe und den Schal

Arbeitsanleitung:

Mache einen Kopf mit Augenlinie und Haaren (Längsumfang 7 cm, siehe S. 13).
Das Gerüst für den Leib wird aus den Pfeifenreinigern bzw. aus Eisendraht gemacht. Schneide ein 32 cm langes Stück für den Leib und die Beine sowie ein 28 cm langes Stück für die Arme ab.

Biege das Skelett wie auf der Skizze dargestellt (Abb. 33, S. 44). Die Arme werden am Leib befestigt, indem die überstehenden Drahtenden um diesen herumgewickelt werden. Das Skelett wird mit etwas Schafwolle umwickelt, doch es bleibt das unterste Stück der Beine frei (etwa 1 cm) für die Füße. Jetzt kann das Köpfchen aufgesetzt werden. Schneide das Trikotstück für die Halsteile an beiden Seiten ein und ziehe es auf Vorder- und Rückseite nach unten. Binde es gut unter den Armen fest. Die Stoffstückchen für die Hände werden doppelt gelegt, die Hände nach Abb. 34 (S. 45) darauf abgezeichnet. Das Ganze wird zusammengenäht, auf die Enden der Armteile geschoben und an den Handgelenken gut festgebunden.

Die Hose wird quer gehäkelt. Häkle zuerst eine Kette von 15 Luftmaschen, die erste Luftmasche dient als Wendemasche. Häkle darauf 14 feste Maschen. Wieder wird eine Luftmasche zum Wenden benutzt. Häkle nun wieder 14 feste Maschen und wiederhole das Ganze, bis insgesamt 7 Reihen gehäkelt sind. Jetzt 6 feste und 9 Luftmaschen häkeln. Die erste Luftmasche wird wieder als Wendemasche verwendet, über die verbleibenden 8 Luft- und 6 festen Maschen werden 14 feste Maschen gehäkelt. Dies wird wiederholt, bis es im ganzen 7 Reihen sind. Dann abketten.

Schlage die beiden Seiten zur Mitte hin ein und nähe die inneren Beinnähte, danach die hintere Mittelnaht. Ziehe am oberen Rand der Hose einen Faden ein und ziehe sie dem Püppchen an. Die Hose reicht bis unter die Arme und läßt die Füße 1 cm unbedeckt. Mit dem Faden wird sie soweit zusammengezogen, daß sie nicht herunterrutscht.

Der Pullover wird in einem Stück glatt gestrickt

(Hinreihe rechts, Rückreihe links stricken).
Weil das Ganze so klein ist, stricken wir keinen Verschluß ein. Das Püppchen wird, wenn der Pullover bis zum Hals reicht, sozusagen mithineingestrickt. Anschlag: 15 Maschen, glatt gestrickt, die erste Reihe links. Nach 8 Reihen werden an beiden Seiten 9 Maschen zusätzlich aufgenommen für die Ärmel. Stricke weiter und kette in der 17. Reihe die 4 mittleren Maschen ab. In der 18. Reihe werden diese 4 Maschen wieder aufgenommen. Zuvor aber wird der Hals des Püppchens durch die entstandene Öffnung gesteckt. Das Weiterstricken ist zuerst ein wenig mühsam, doch nach 2 Reihen geht es schon wieder einfacher. Nach der 24. Reihe werden die 9 Extramaschen (für die Ärmel) auf beiden Seiten abgekettet. Stricke danach noch 8 Reihen und kette dann ab.
Nähe jetzt die Seitennähte der Ärmel. Die Ärmelenden werden in Höhe der Handgelenke abgebunden. Für die Füße schneiden wir vier Stückchen Bleiblech zu (Abb. 34 a, S. 45). Zwei dieser Stücke werden durch einen Nagel mit je zwei Löchern versehen. Kneife die Drahtschlinge am Fußende des Gerüsts durch und führe die beiden Drahtenden durch die vorgebohrten Löcher der Bleistückchen. Schiebe das Bleistück bis zum unteren Ende des Hosenbeins heraus. Biege jetzt die Drahtenden auf der Unterseite des Bleistücks nach vorne um.
Schiebe die Hosenbeine ein wenig herauf und lege die beiden anderen Bleistückchen auf die vorbereiteten Filzreste. Halte sie jeweils so unter den Fuß, daß sie genau deckungsgleich passen, ziehe dann den Filz kräftig um das Bein herum nach oben, halte ihn dort gut fest und binde ihn mit einem Faden ab der Höhe des Fußgelenks mit aufwärtsführenden Windungen ab, bis das

obere Ende des Filzstücks erreicht ist. Jetzt wird das Hosenbein über das abgebundene Stück des Schuhs herabgelassen.
Zum Schluß erhält der Junge noch einen Schal aus einem Filzstreifen.

Drachen

Material:

auf eine Länge von 8, 5,5 und 2,5 cm gebrachte Schaschlikspieße
ein Stück Drachenpapier
Abbindegarn (für die Drachenschnur)

Abb. 44: Drachen

Arbeitsanleitung:

Die längsten Spießstücke werden kreuzweise aufeinandergelegt und zusammengebunden. Die Enden werden ein wenig eingekerbt, so daß die Spannschnur nicht verrutschen kann. Diese (Abbindegarn) wird nun von Kerbe zu Kerbe einmal ringsherum geführt, wobei sie jeweils einmal um jede Kerbe herumgewickelt wird.
Knüpfe nun Anfang und Ende zusammen und schneide die Enden des Fadens kurz ab. Lege das Drachengerüst auf das Drachenpapier und

zeichne die Konturen 0,5 cm größer als der echte Umfang darauf ab. Schneide den Drachen aus, schneide die Ecken ab und klebe die Ränder um die Spannschnur herum. Wickle einen Faden von etwa 50 cm Länge bis zur Hälfte um das kleinste Spießstück. Das wird die Haspel, die der Junge in der Hand hält. Das andere Ende des Fadens, der «Drachenschnur», wird am Drachen befestigt: Fädle den Faden in eine Nadel ein und steche damit von der Vorderseite aus an der Kreuzungsstelle durch das Papier. Knote den Faden dort fest. Nun erhält der Drachen noch einen etwa 10 cm langen Schwanz, in welchen kleine, farbige Papierstückchen eingeknotet werden können (Abb. 44).

Spinne im Spinnennetz

Material:

4 Stückchen Pfeifenreiniger, 4 cm lang
etwas braune, ungesponnene Schafwolle
eine frische Kastanie
7 Schaschlikspieße
silberfarbenes Stickgarn

Arbeitsanleitung:

Spinne: Wir umwickeln ein Ende des Pfeifenreinigers mit Schafwolle: Ein dünner Wollstreifen wird gegen den Pfeifenreiniger gehalten, zwischen Mittel- und Zeigefinger genommen, in einer Schlinge um den Pfeifenreiniger gelegt und kurz angezogen. Lasse den Streifen kurz los, ziehe ihn wieder an und lege wieder eine Schlinge um den Pfeifenreiniger. Verfahre so immer weiter, bis das «Spinnenbein» zu einem Drittel umwickelt ist. Diese Methode funktioniert am besten, wenn die Wolle wie beschrieben zwischen Mittel- und Zeigefinger geführt wird. Dadurch, daß wir die Wolle zwischendurch immer loslassen, können sich die Härchen der Wolle gut zwischen die Borsten der Pfeifenreiniger legen.

So werden alle acht Beine umwickelt. Jeweils ein Paar wird über Kreuz zusammengelegt und in der Mitte umeinandergeschlungen. Die entstehenden Kreuze werden aufeinandergelegt und das in der Mitte entstehende Knäuel (der Leib der Spinne) mit Wolle umwickelt. Wenn der Leib schön prall gefüllt ist, kann mit etwas Wolle in einem helleren Farbton noch ein Kreuz darauf angebracht werden.

Das Spinnennetz: Die Schaschlikspieße werden im Abstand von 1 cm mit einem scharfen Messer ein wenig schräg eingekerbt, so daß die Kerben zur Spitze des Stocks weisen. Die Spieße werden mit der Spitze rundherum in eine auf dem Tisch liegende Kastanie gesteckt. Der Silberfaden wird nun an einer beliebigen, zuunterst liegenden Kerbe angeknotet und von da aus zur ebenfalls untersten Kerbe des benachbarten Spießes gezogen, dort zweimal herumgewickelt und so weiter, bis die untersten Kerben alle an der Reihe waren. Gehe jetzt auf die nächsthöhere Reihe über und so immer weiter, bis das Netz schön groß ist.

Jetzt werden die Beine der Spinne krummgebogen und die Spinne in ihr Netz gesetzt.

Sankt Martin

Der 11. November ist der Tag des Heiligen Sankt Martin, der seinen Mantel mit einem Bettler teilte. In vielen Gegenden ziehen die Kinder am Abend des St. Martinstages mit selbstgemachten Laternen singend von Tür zu Tür. Die Menschen machen dann dieselbe Gebärde wie vor Zeiten der Heilige und schenken einen Teil ihrer Ernte her.

Eine Rübe ist das Resultat eines langen Sommers voller Wärme und Licht. Wenn wir sie aushöhlen, wird sie zur schönen Laterne, die unser Lichtlein aufnimmt. Halte dein Lichtlein am Brennen in dieser dunklen Zeit – es dauert noch 40 Tage, bis es Weihnachten ist.

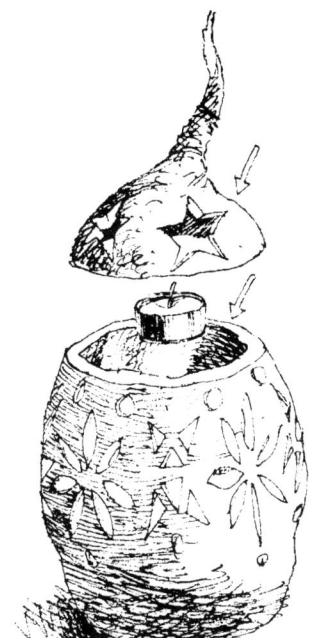

Abb. 45:
Rübenlaterne

Rübenlaterne

Material:

eine Futter-, Zucker-, Kohl- oder Mohrrübe
ein gerades Messer
ein Apfelbohrer
ein Löffel
ein kleines spitzes Messer
ein Teelicht

Arbeitsanleitung:

Mit dem geraden Messer wird ein Deckelstück (ungefähr 2 cm dick) von der Rübe abgeschnitten. Wenn keine besonderen Abweichungen vorhanden sind, kann eine kleine Markierung angebracht werden, so daß der Deckel später wieder auf die richtige Stelle aufgesetzt werden kann.

Die Unterseite einer Rübe ist meistens nicht eben. Wenn sie auf dem Jahreszeiten-Tisch stehen soll, muß sie gerade abgeflacht oder auf einen Ring gesetzt werden.

Jetzt wird mit dem Aushöhlen begonnen: Mit dem Apfelbohrer und dem kleinen Messer wird das Innere der Rübe gelockert, so daß das Fruchtfleisch herausgelöst werden kann. Die Wahl des richtigen Werkzeuges hängt auch davon ab, wie hart die jeweilige Rübe ist.

Wir arbeiten uns vorsichtig zur Schale vor, nachdem der Kern entfernt worden ist. Mit einer Hand halten wir von außen dagegen. So können wir gut fühlen, wie dick der Rand noch ist. Die Laterne wird nun gegen das Licht gehalten zur

Kontrolle, ob sie schon Licht durchläßt. Wenn die Wandung dünn genug ist, können von der Außenseite aus noch Figuren eingekerbt werden. Vorsicht: nur in die Schale der Rübe schneiden, nicht durch die ganze Wandung hindurch!

Das zu Anfang entfernte obere Stück wird der Laternendeckel. Auch er kann etwas ausgehöhlt werden. Zur Sauerstoffzufuhr für das Teelicht wird eine Öffnung (oder auch mehrere) angebracht. Jetzt kann das Lichtchen in eine Metalleinfassung gesetzt und der Deckel daraufgelegt werden (siehe Abb. 45).

Die Rübe hält sich länger, wenn sie ab und zu eine Weile in einem Eimer mit Wasser liegen darf.

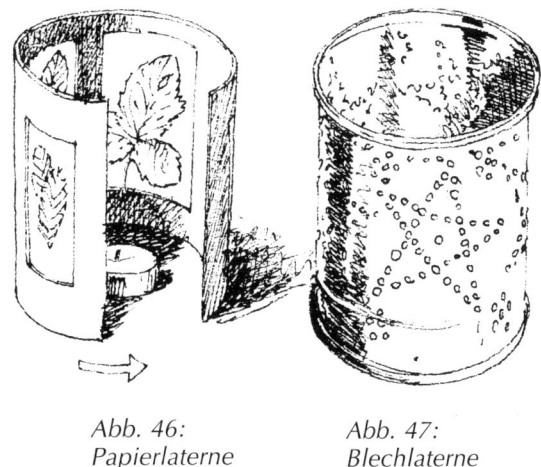

Abb. 46:
Papierlaterne

Abb. 47:
Blechlaterne

Einfache Papierlaterne

Material:

ein Streifen dünner Karton, ca. 15 cm breit und 40 cm lang
durchscheinendes Papier (z.B. Butterbrotpapier)
getrocknete Blätter
1 Teelicht

Arbeitsanleitung:

Schneide ein (oder mehrere) kleine Fensterchen in den Kartonstreifen. Man kann sie auch ausstechen. Klebe auf die Rückseite ein Stück durchscheinendes Papier und darauf schöne getrocknete Blätter. Wenn man den Fenstern eine schöne Form gibt (z.B. Sterne), reicht auch nur durchscheinendes Papier. Der Streifen wird an den Enden zu einem Ring zusammengeklebt und um das Teelicht gestellt (siehe Abb. 46).

Blechlaterne

Material:

eine leere Konservenbüchse ohne Oberseite
Nägel verschiedener Stärke, ein Hammer und ein Bleistift
ein kleines Holzstamm-Stück entsprechender Größe
ein Teelicht

Arbeitsanleitung:

Zeichne mit dem Bleistift verschiedene Motive auf die Büchse. Diese werden mit den Nägeln in die Blechwandung der Büchse übertragen (siehe Abb. 47). Um Verformungen der Büchse während des Hämmerns zu vermeiden, kann ein Stück eines entsprechend großen Baumstammes oder ein Aststück in die Büchse geschoben werden. Das Licht dieser Laterne scheint durch die kleinen Löcher hindurch.

Zwerge

Die in engem Einklang mit der Natur verborgen wirksamen Wesen werden seit Menschengedenken als Zwerge vorgestellt. In dieser Jahreszeit sind die Zwerge besonders intensiv damit beschäftigt, die Erde auf den Winter vorzubereiten. Deshalb tragen sie Herbstfarben. In anderen Jahreszeiten kann ein Zwerg ganz andere Farben annehmen.

Einfacher Filzzwerg

Material:

Filz
Schafwolle oder Kammgarn

Arbeitsanleitung:

Schneide den Mantel ohne Rand am Stoffbruch zu (Abb. 48). Die Schrägseite der Mütze wird zugenäht. Ziehe einen Reihfaden in Halshöhe ein und fülle den Zwerg mit einem glatten Wollbüschel. Ziehe den Reihfaden an und nähe den Mantel an der Vorderseite zusammen. Die unten überstehende Wolle wird abgeschnitten. Dadurch ist die Unterfläche gerade, und der Zwerg kann gut stehen.

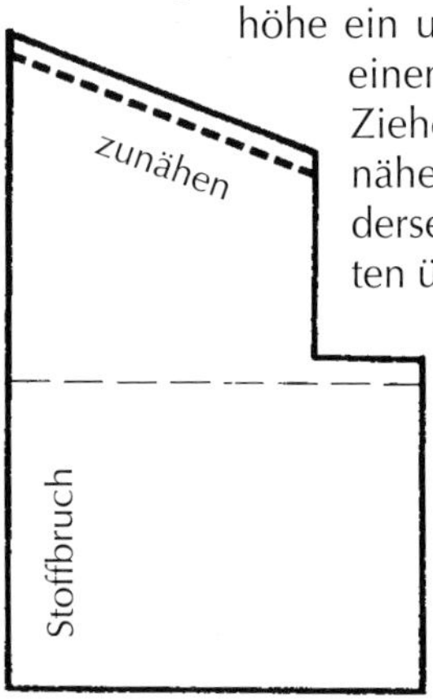

zunähen

Stoffbruch

Abb. 48: Schnitt für einen einfachen Filzzwerg

Komplizierter Zwerg

Material:

Füllwolle
ein Stück Untertrikot 10 x 10 cm
ein Stück beigefarbener Puppentrikot 6 x 6 cm
ein Rest Puppentrikot für die Hände
2 Pfeifenreiniger oder dünner Eisendraht
Filz für die Bekleidung und die Stiefel
ein Stückchen Bleiblech
Strickwolle
etwas gefärbte Wolle für Haare und Bart

Arbeitsanleitung:

Mache ein Puppenköpfchen (7 cm Längsumfang) mit Augenlinie und gut ausgeprägter Nase (Näheres siehe S. 13). Ein Pfeifenreiniger wird auf beiden Seiten ein Stück nach innen umgebogen, so daß das entstehende Armteil insgesamt 10 cm Länge hat. – Der andere Pfeifenreiniger wird in der Mitte einmal um die Mitte des Armteils herumgeschlungen. Schneide das Halsende des Köpfchens auf beiden Seiten ein wenig ein, so daß es über das Verbindungskreuz der Pfeifenreiniger gesetzt werden kann. Dann werden die Trikotenden vorne und hinten gut heruntergezogen und unter den Armen festgebunden. Der Stoff für die Hände wird doppelt gelegt und der Schnitt (Abb. 49) darauf übertragen. Nähe die Händchen zusammen. Lasse einen kleinen Saum stehen, schneide sie dann aus und wende sie um. Die Händchen werden auf die Armenden geschoben und dort gut auf der Höhe der Handgelenke festgebunden. Schneide nun die Kleider ohne Saumzugabe zu nach dem Schnitt (Abb. 49). Die Hose wird mit kleinen Stichen überwendlings genäht, dem Zwerg angezogen und unter den Schultern angenäht. Jetzt wird eine Schulter des Kittels zusammengenäht. Der Kittel wird dem Zwerg umgelegt und dann weiter um den Leib und die Arme herum zusammengenäht. Ein dicker Strickwollfaden wird als Gürtel um den Bauch geknüpft. Die Füße: Vier ovale Bleistückchen werden nach Abb. 50 zurechtgeschnitten. Zwei davon erhalten mit einem Nagel je ein Löchlein. Stecke ein Ende des Pfeifenreinigers hindurch, biege diesen dann unter dem Bleistück so weit um, daß das entstehende Füßchen $\frac{1}{2}$ cm unter dem Ende des Hosenbeins sitzt. Biege das Ende des Pfeifenreinigers zu einer Schleife um, kürze ihn wenn nötig. Nun wird das zweite Bleistückchen daruntergehalten. Es wird durch den «Stiefel» zusammengehalten: Lege ein Stückchen Filz oder Trikot straff um das Füßchen, ziehe den Stoff gut zusammen und halte das Ganze am Bein fest. Schlinge einen dicken Wollfaden um das Fußgelenk, verknote ihn und schneide ihn so ab, daß ein «Schnürsenkel» entsteht. Die Form des Stiefels ergibt sich aus dem Abschneiden der überschüssigen Teile. Fertige den anderen Stiefel auf dieselbe Weise an.

Augen und Mund des kleinen Zwerges werden, wie bei den Basistechniken beschrieben, angebracht (S. 14) und mit einem hellbraunen Buntstift gefärbt. Nun bekommt unser Zwerg noch einen Haarschopf aus einem kleinen Bausch ungesponnener Wolle, den wir hier und da

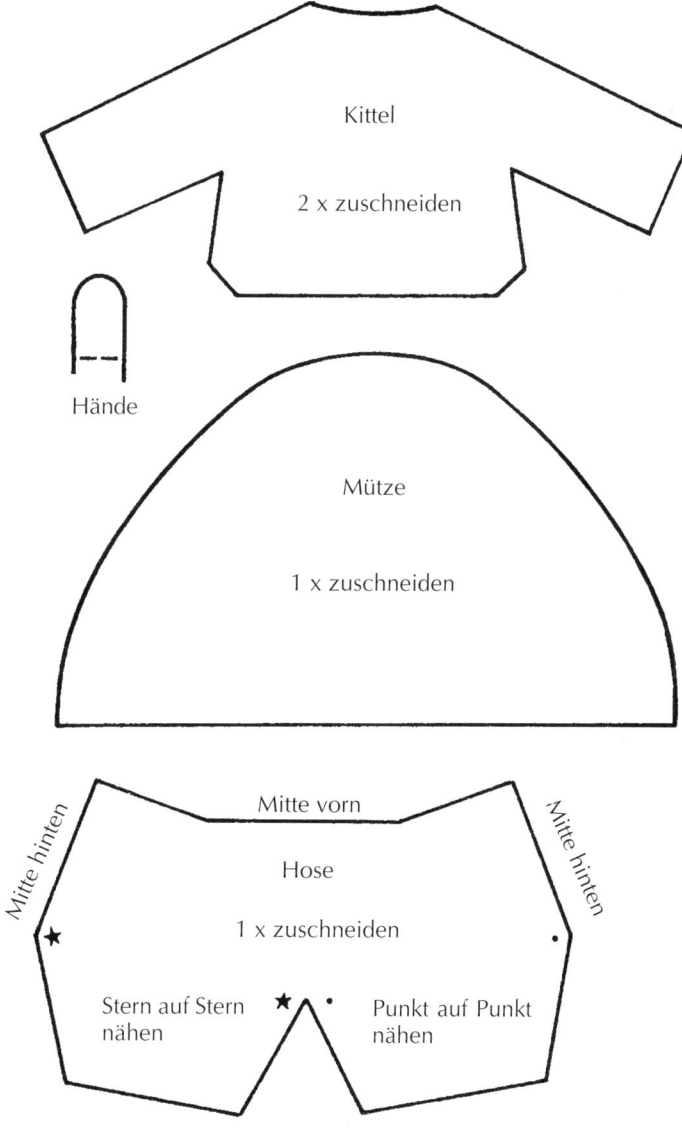

Abb. 49: Schnitt für komplizierten Filzzwerg

65

etwas festnähen. Sein Bart entsteht, wenn wir einen Wollbausch einmal falten und ihn mit der Falte am Kinn annähen. – Nähe die Mütze zusammen und befestigte sie mit kleinen Stichen auf dem Kopf – die Kinder werden den Zwerg oft an seiner Mütze hochheben wollen.

Eine Maus

Material:

ein Stück grauer Filz
ein Stück rosa Filz
graues Stickgarn
zwei kleine schwarze Perlen
Füllwolle oder Reis

Arbeitsanleitung:

Schneide nach Abb. 51 die Rückenteile aus grauem Filz, das Bauchteil und die Öhrchen aus rosa Filz zu. Nähe die Rückenteile überwendlings mit kleinen Stichen zusammen. Das Bauchteil wird zuerst an eines der Rückenteile angenäht: die spitze Seite an die vordere, die runde Seite an die hintere runde Seite des Rückenteils. Fülle die Maus mit Füllwolle oder Reis und nähe dann das Bauchteil an das andere Rückenteil an. Die Öhrchen werden auf der markierten Stelle oberhalb der Augen angenäht.
Nähe die Augen (Perlen) auf der angegebenen Stelle an. Das gelingt am besten, wenn die Nadel durch den Kopf hindurch in Richtung der Augen geführt wird: Lasse das Fadenende ein wenig aus dem Leib heraushängen, hefte den Faden an der Stelle, wo wir ein Auge haben wollen, an, fädle die Perle auf den Faden und gehe quer durch den

Kopf zur Position des anderen Auges, fädle die zweite Perle auf, hefte an der Stelle des Auges ab, gehe wieder durch den Leib und schneide schließlich die beiden Fadenenden ab. So verschwinden die Fadenenden in der Wollfüllung und sind doch sauber verarbeitet.
Nun noch der Schwanz: Häkle eine Luftmaschenkette von 5 cm Länge aus ungezwirntem Stickgarn. Ziehe einen Faden durch die letzte Luftmasche und nähe den Schwanz damit an. Übrigens – eine Maus ist selten alleine …

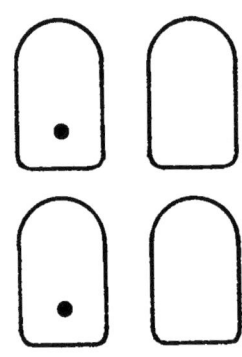

Abb. 50: Bleiblech für die Füße

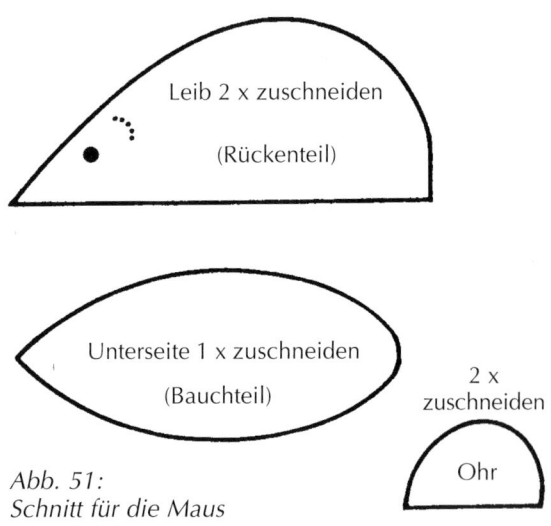

Leib 2 x zuschneiden

(Rückenteil)

Unterseite 1 x zuschneiden

(Bauchteil)

2 x zuschneiden

Ohr

Abb. 51: Schnitt für die Maus

Advent

Die Adventszeit ist die Zeit der Vorbereitung auf das Weihnachtsfest. Advent bedeutet wörtlich: das, was kommt. Um diese Erwartung zu wek-ken, kann man den Jahreszeiten-Tisch ganz leer werden lassen: Lediglich ein blaues Tuch deutet darauf hin, daß etwas in Ankunft ist.

Daß sich die Geburt des Christkindes immer mehr naht, kann zum Beispiel dadurch angedeu-tet werden, daß Maria und Joseph eine lange Reise durch das ganze Zimmer machen, bis sie zu Weihnachten im Stall ankommen.

Während der Adventswochen können wir die Erde auf dem Jahreszeiten-Tisch gleichsam ganz neu erscheinen lassen:

In der ersten Woche legen wir ein paar schöne Steine hin.

In der zweiten Woche erscheinen Moos, ein Farn, ein kleines blühendes Pflänzchen.

In der dritten Woche sind die Tiere an der Reihe: Schafe, Ochs und Esel.

Am vierten Sonntag erscheinen die Hirten auf dem Feld, und Maria und Joseph laufen auf den Stall zu.

Auch der Engel, der das Kindlein bringt, kann jeden Tag ein ganz kleines Stückchen näher zur Erde kommen.

Der Engel

Material:

36 cm weißes Kammgarn
40 cm Golddraht

Arbeitsanleitung:

Nehme ein Stück Kammgarn, 25 cm lang und 3 cm breit (das ist ungefähr die Hälfte der norma-len Breite des Kammgarns). Mache in der Mitte des Stücks einen Knoten und lege die beiden Enden aufeinander. Der Knoten ist der Kopf. Bin-de den Hals mit Goldfaden ab, und zwar so, daß in der Mitte des Fadens begonnen wird und der Knoten hinten liegt. Es bleiben rechts und links zwei Fadenenden übrig.

Lege ein Stückchen Kammgarn (11 cm lang, 3 cm breit) zwischen die beiden Enden des ande-ren Streifens, etwas unterhalb des Kopfes. Dies werden die Arme und die Flügel. Kreuze die bei-den Enden des Goldfadens über der Brust, dann hinten in Höhe der Taille, dann vorn in Taillen-

Abb. 52: Sankt Nikolaus und seine Diener

höhe und knote sie schließlich hinten in der Mitte zusammen. Ein Drittel des Querstreifens wird nun für die Arme verwendet. Die Handgelenke werden 3,5 cm vom Leib entfernt mit Goldfaden abgebunden. Schneide dann, etwa 1/2 cm von den Handgelenken entfernt, den Rest des Kammgarns ab. Nun wird das hinter den Armen gelegene Kammgarnstück für die Flügel schön duftigweit aufgebauscht, ebenso das Gewand des Engels.

In der Adventszeit trägt der Engel das Kind zur Erde nieder (siehe S. 78). Führe seine Hände zusammen und lege das Kind in seine Arme. Nach der Geburt können die Arme des Engels wieder ausgebreitet werden.

Er kann eventuell einen Stab mit einem Stern in der Hand halten oder einen Stern auf der Stirn tragen.

Sankt Nikolaus

Zu Beginn der Adventszeit feiern wir das Fest von Sankt Nikolaus. Der Heilige Nikolaus versetzt uns in die Lage, auf milde Weise auf die eigenen Verfehlungen, aber auch auf die der anderen, hinzublicken. Der große Kinderfreund Sankt Nikolaus legt den Kindern etwas in die Schuhe, wovon sie in der nächsten Zukunft zehren können. Der Schenkende will anonym bleiben, er schenkt im Namen des Heiligen Nikolaus. Die Feier dieses Festes ist eine mächtige Vorbereitung dessen, was nicht lange danach kommen wird. Es ist nicht schwer, Sankt Nikolaus für ein kleines Kind darzustellen. Die Details können wir ruhig der Phantasie der Kinder überlassen.

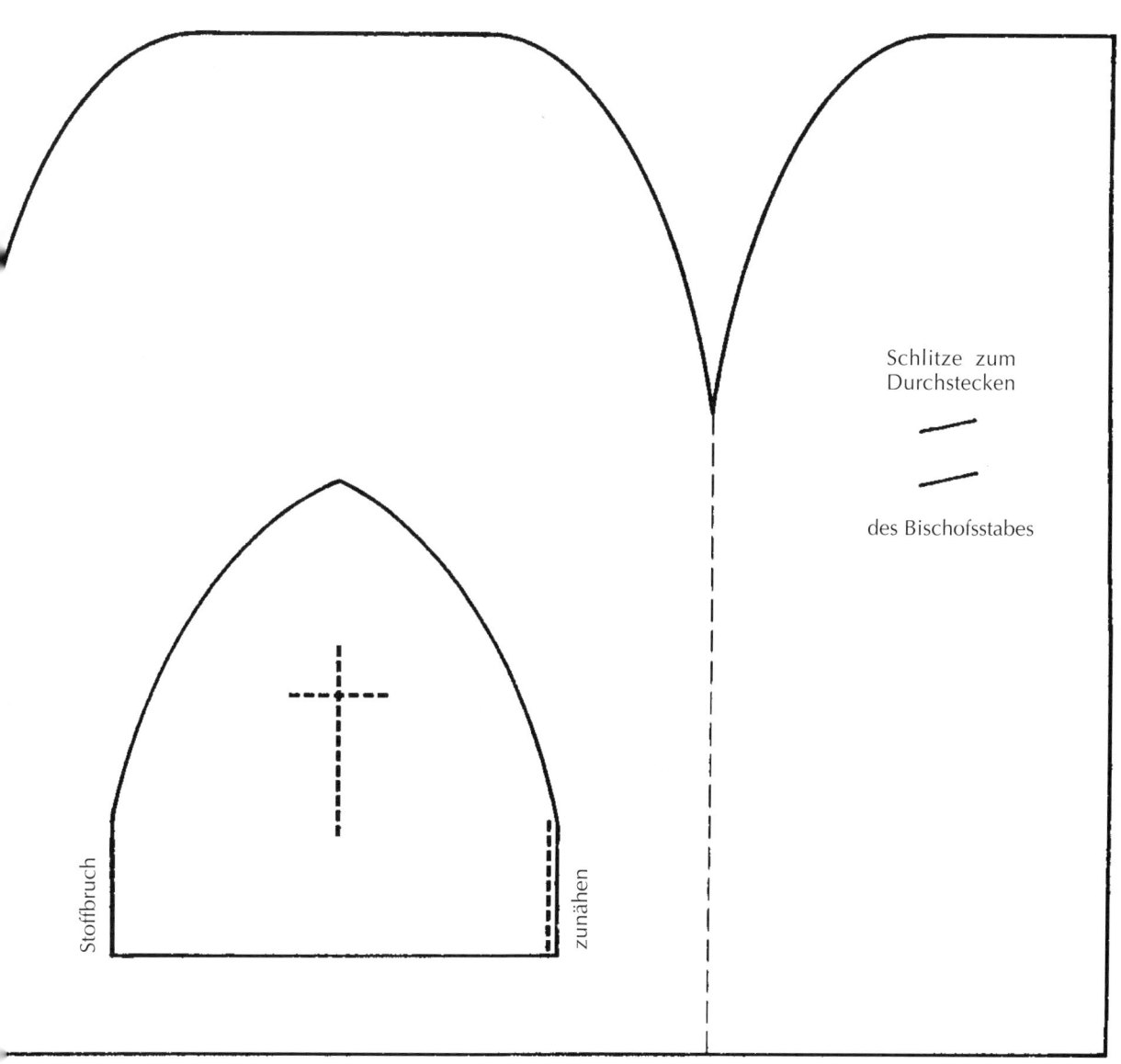

Schlitze zum Durchstecken

des Bischofsstabes

Stoffbruch

zunähen

Abb. 53: Schnittmuster für Mantel und Mütze von Sankt Nikolaus

Material:

60 cm Kammgarn
2 Stücke blauen oder roten Filz: 23 x 15 cm für
den Mantel und 13 x 7 cm für die Bischofsmütze
goldener Stickfaden
ein Rundholzstück, 0,5 cm Ø, 18 cm lang
ein Rest Goldkarton
eventuell Goldfarbe

Arbeitsanleitung:

In das Kammgarnstück wird ein Knoten gelegt.
Das ist der Kopf. Die beiden gleichlangen Enden
bilden den Leib. Wähle die Seite, auf die das Gesicht kommen soll. Dort wird ein etwa fingerdik-
kes Stück für den Bart herausgegriffen und der
Rest, direkt unterhalb des Kopfes, mit einem Faden abgebunden. Stutze den Bart entsprechend.
Schneide den Mantel nach dem Schnitt (Abb. 53)
ohne Nahtzugabe zu und nähe die Schulternäh-
te bis zum angegebenen Punkt. Kräusle die Halskante, lege Sankt Nikolaus den Mantel um die
Schultern und nähe ihn dann unterhalb des
Kinns 3 cm weit zu. Schneide die Bischofsmütze
zu (Schnitt s. Abb. 53) und nähe sie zusammen.
Sticke mit Goldfaden ein Kreuz darauf. Die Mütze wird mit ein paar Stichen auf dem Kopf festgenäht. Schneide die Schnecke des Stockes aus
Goldkarton aus (Abb.
54). Der Kleberand
wird um das Ende des
Rundholzstückes ge-
klebt und der Stock
durch die Schlitze des
Mantels gesteckt.

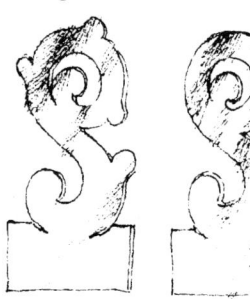

*Abb. 54: Schnecke
des Stockes*

Schwarzer Peter

Sankt Nikolaus hat auch einen Diener, der in
manchen Ländern "Schwarzer Peter" genannt
wird. Er hilft ihm beim Verteilen der Geschenke
oder bei der Vergabe der Ruten. Manchmal sind
es sogar mehrere Gehilfen (s. Abb. 52, S. 67).

Material:

ein Stück dicker Karton, 14 x 12 cm
ein Kartonstreifen, 4 cm breit
Strickwolle in Braun und Weiß und zwei fröhlichen «Schwarze-Peter-Farben»

Arbeitsanleitung:

Wickle die braune Wolle über die Längsseite des
dicken Kartons, ungefähr einen Finger dick.
Schiebe den Karton vorsichtig heraus. Schlinge
auf etwa einem Viertel der Länge einen Faden
um das Bündel, und der Kopf ist fertig.
Für die Arme wickeln wir um die kurze Seite des
dicken Kartonstücks (12 cm) etwas Wolle in einem fröhlichen Farbton, jedoch nur halb so dick
wie zuvor beim Leib. Der Karton wird wieder
vorsichtig herausgeschoben. Teile den Leib in
eine Vorder- und Rückseite, lege die Arme da-
zwischen und binde die Taille ab. Umwickle die
Handgelenke auf einer Länge von 1 cm fest mit
Wolle in einer anderen Farbe und lasse zum
Schluß noch 1 cm übrig (Schlingen) für die Hände. Das Fadenende wird nach Beendigung des
Umwickelns unter das umwickelte Stück geschoben und dann abgeschnitten. Die Füße sind
genauso groß wie die Hände. Umwickle die
Waden jedoch auf einer Länge von 3 cm. Verfahre weiter wie bei den Händen.

Die Halskrause: Umwickle den kleinen Kartonstreifen (4 cm) auf einer Länge von 10 cm sehr locker mit weißer Wolle und schiebe den Streifen vorsichtig heraus. Lege dem Schwarzen Peter die Schlingen lose um den Hals und binde sie dann mit einem weißen Faden ab. Schlage die Halskrause nach unten um. Umwickle den Kartonstreifen mit farbiger Wolle, etwa einen Finger dick. Schiebe vorsichtig den Streifen heraus. Das Ende des Wollfadens wird ein paarmal um die Schlingen herumgeschlungen und dann angezogen. So entsteht eine turbanartige Mütze. Die Mütze wird auf dem Kopf mit einem Wollfaden gut angenäht. Schon ist unser Schwarzer Peter fertig!

Schäfchen

Material:

2 Stückchen Pfeifenreiniger für die Beine, 7 cm lang
1 Stück Pfeifenreiniger für die Ohren, 3 cm lang
1 Stück Pfeifenreiniger für Kopf, Leib und Schwanz, 11 cm lang
gezupfte Wolle

Arbeitsanleitung:

Umwickle den Pfeifenreiniger mit Schafwolle. Die Methode ist dieselbe wie bei der Anfertigung der Spinne beschrieben (S. 60). Dabei ist es wichtig, immer nur einen dünnen Wollstreifen zu verwenden, so daß sich die Wolle gut mit den Borsten des Pfeifenreinigers verbinden kann. Achte darauf, daß der Streifen nicht zum Faden wird!
Zuerst kommt das Kopfende: Lege das Ohrenstück (3 cm) 4,5 cm vom Ende des Pfeifenreinigers entfernt auf diesen, schlinge ihn einmal um es herum (Achtung: es müssen links und rechts gleich lange Stücke übrigbleiben), so daß die Ohren nicht verrutschen, und umwickle dann die Schnauze bis zu den Ohren (ca. 1/2 cm dick) und danach die Ohren, von der Spitze aus zur Mitte. Hier darf die Wolle etwas dicker werden, so daß wir nun über Kreuz wickeln können.
Jetzt wird der Kopf gebogen: Der erste Zentimeter wird mit Daumen und Zeigefinger ergriffen, leicht abgebogen und das Ende in Richtung des Ohrenansatzes orientiert (Abb. 55). Dieser gebogene Teil wird nun umwickelt, wobei die Schnauze frei bleiben soll. Lasse einen schönen Kopf entstehen.
Jetzt werden die Beinteile in der Mitte umgebogen und um den Leib herumgelegt, 1 cm hinter den Ohren. Während des Wickelns bleiben die Beine breit stehen. Wir fangen bei den Hufen an und lassen das Bein nach oben zu immer dicker werden. Die Hinterbeine werden 3,5 cm hinter den Vorderbeinen befestigt. Erst wenn alle vier Beine und der Schwanz fertig umwickelt sind, werden sie in ihre endgültige Position heruntergebogen. Das oberste Stück eines jeden Beins

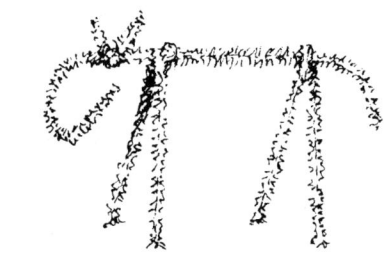

Abb. 55: Drahtfigur Schaf

wird etwas rund gebogen, dadurch ergibt sich die Breite des Leibes. Die Unterpartie bleibt gerade. Der Leib wird schön rund und üppig umwickelt. Zum Schluß wird der Schwanz senkrecht nach unten umgebogen.

Ochs und Esel

Material:

für den Ochsen benötigen wir:
Pfeifenreiniger für Kopf, Leib und Schwanz, 23 cm lang
2 Stück Pfeifenreiniger für die Beine, 11 cm lang
1 Stück für die Hörner, 6 cm lang
1 Stück für die Ohren (diese werden in Schlingen gebogen), 7 cm lang

für den Esel:
Pfeifenreiniger für Kopf, Leib und Schwanz, 18 cm lang
2 Stück Pfeifenreiniger für die Beine, 10 cm lang
1 Stück für die Ohren, 5 cm lang
gezupfte Wolle in den Farben von Ochs und Esel

Arbeitsanleitung:

Ochs und Esel werden auf dieselbe Art angefertigt wie die Schafe, die Proportionen sind jedoch anders. Die Pfeifenreiniger werden den Arbeitsskizzen entsprechend zurechtgebogen (Abb. 56 und 57).

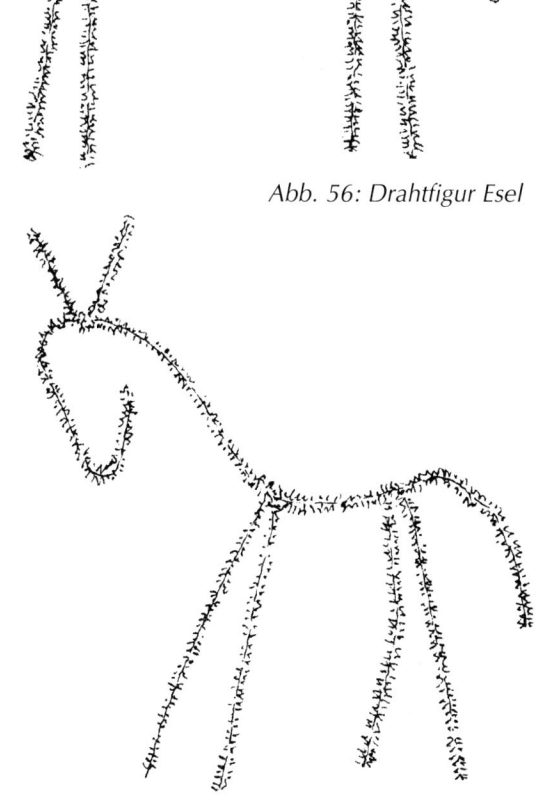

Abb. 56: Drahtfigur Esel

Abb. 57: Drahtfigur Esel

Weihnachten

Nun ist die dunkelste Zeit des Jahres angebrochen. Die Tage sind kurz, die Nächte lang. Die Erde hat sich nach innen gekehrt und erscheint kahl und leer.

Der Advent hat uns in die Stille geführt, nun kann das Christkind auch bei uns geboren werden. Das Licht wird entzündet, und die Tage werden wieder – zunächst unmerklich – länger.

Die Erwartung findet ihre Erfüllung. Zu der blauen Farbe der Erwartung tritt das Rot, die Farbe des Lebendigen. Wir finden diese Farbe in der Kleidung der Maria wieder.

Grundmethode zur Herstellung der Krippen-Figuren

Maria, Joseph, Hirten und Könige werden alle nach der im folgenden beschriebenen Grundmethode angefertigt.

Material:

ein Stück Untertrikot, 10 x 10 cm
ein Stück hautfarbenes Puppentrikot, 6 x 6 cm
ein Rest Puppentrikot für die Hände
Wolle zur Anfertigung der Haare
ein Stück elastischer Elfenbeinkarton
ein Stoffstück für das Untergewand, etwas größer als das Kartonstück
1 Pfeifenreiniger
ein Stoffstück für das Ärmelteil, 11 x 5 cm
Stoff für den Mantel
Hobbykleber

Arbeitsanleitung:

Mache eine Puppenkopf (7 cm Längsumfang, Anfertigung wie auf S. 13 beschrieben). Diese Krippenfiguren haben einfache Köpfe, eine Augenlinie genügt. Die Augen werden lediglich aufgemalt, nicht gestickt.

Der Leib ist aus Karton. Schneide ihn aus dem Kartonstück aus wie auf Abb. 59, S. 79 angegeben. Der Stoff für das Untergewand muß etwas größer als der Kartonkegel ausgeschnitten werden. Die überstehenden Stoffränder werden auf der Innenseite angeklebt, so daß auf der Vorderseite keine Leimflecken zu sehen sind. Lege das Köpfchen mit dem Halsteil in die runde Aussparung des Kartons und biege diesen zu einem Kegel mit einem Basisdurchmesser von 6 cm. Niete bzw. nähe die geraden Seiten gut aufeinander. Lasse etwas Klebstoff in die Halsöffnung fließen und drücke dann den Stoff kräftig gegen die Wandung des Kegels.

Biege den Pfeifenreiniger auf beiden Seiten nach innen um, so daß ein Armteil von 11 cm Gesamtlänge entsteht. Nun werden die Hände auf die doppelt gelegten Trikotstückchen übertragen, zusammengenäht, ausgeschnitten und umgewendet. Schiebe sie auf die Enden des Pfeifenreinigers und binde sie an den Handgelenken gut fest.

Für die Ärmel verwenden wir denselben Stoff wie für das Untergewand oder den Mantel. Falte den Ärmelstoff einmal der Länge nach und nähe ihn entlang der Längsseite. Wende die Ärmel um und stecke den Pfeifenreiniger mitsamt den Händchen hindurch. Die Ärmel – je nach Zweck weitgebauscht, gerade, eng oder weit – werden an den Handgelenken angebracht. Weite Ärmelöffnungen müssen zugenäht werden, so daß man nicht hineinschauen kann. Das Ärmelstück

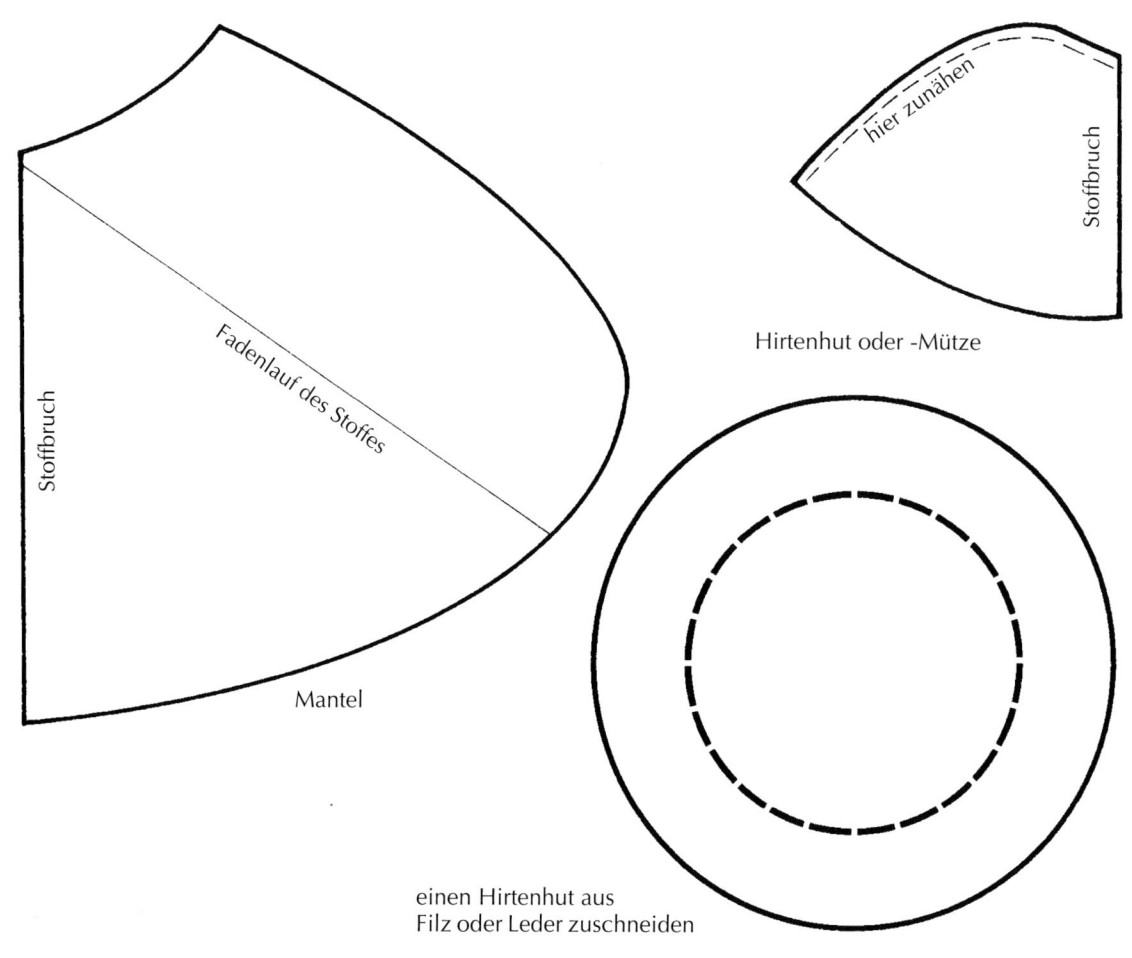

Stoffbruch

Fadenlauf des Stoffes

Mantel

hier zunähen

Stoffbruch

Hirtenhut oder -Mütze

einen Hirtenhut aus
Filz oder Leder zuschneiden

Abb. 58: Schnittmuster für Mantel, Mütze und Hut von Hirten und Königen

wird 1 cm unterhalb des Halses auf dem Rücken festgenäht bzw. -genietet. Das Püppchen bekommt noch einen Mantel, einen Pelzumhang und eine Mütze, einen Hut oder eine Krone.

Die Hirten

Die Hautfarbe der Hirten zeigt die Spuren von Wind und Wetter. Ihr Haar ist struppig. Meist tragen sie einen Bart, der sich einfach aus einem zusammengefalteten Wollbüschel anfertigen läßt, welches mit der gefalteten Seite an das Kinn angenäht wird. Sie sind mit einfachen Stoffen bekleidet, vorwiegend in Brauntönen. Verwende auf jeden Fall verhaltene Farben, Webstoffe oder Jute.

Die Mäntel können sehr verschieden sein, ein weiter Mantel wird z.B. aus einem halbrunden Stoffstück von 20 cm Durchmesser gemacht; die unsaubere Kante wird nach innen gefaltet, der Mantel um den Hals gelegt und dort ein wenig festgenäht und anschließend um den Körper drapiert. Überschüssiger Stoff wird entweder umgesäumt oder in die Innenseite des Kegels geklebt. Dieser Mantel dient als Cape. Soll es ein echter Mantel werden, so machen wir die Ärmel aus demselben Stoff. Die Arme werden durch kleine Öffnungen gesteckt, die wir in Achselhöhe in den Mantel geschnitten haben. Oft genügt auch eine lose umgelegte «Decke» oder ein «Tierfell» als Mantel.

Mütze oder Hut werden aus einem alten Pullover oder aus Leder bzw. Filz hergestellt (siehe Abb. 58, S. 76).

Den Hirtenstock bildet ein einfaches Zweiglein oder der Stiel eines Roßkastanienblattes. Er wird in die Hand der Hirten geklebt oder genäht.

Die Hirtentasche ist ein zusammengeklebter, doppellagiger Leder- oder Stoffstreifen (ca. 5 x 2 cm), in welchen ein Schulterband geklebt wird.

Ab dem vierten Advent können die Hirten auf dem Jahreszeiten-Tisch erscheinen. Ihre Aufmerksamkeit gilt zuerst noch ganz den Schafen. Am Weihnachtsmorgen besuchen sie Maria, Joseph und das Jesuskind. Lasse sie danach zu ihren Schafen zurückkehren.

Joseph

Joseph unterscheidet sich von den Hirten durch ein einfarbig braunes Gewand. Der Mantel kann auf dieselbe Art wie der Hirtenmantel gemacht werden, jedoch mit einer Kapuze (Abb. 59, S. 79). Auch er bekommt einen Stock in die Hand.

Maria

Maria bekommt ein weißes Antlitz und ein blutrotes Untergewand. Sie braucht keine Haare, denn ihr blaues Gewand umschließt ihr Antlitz ganz. Schneide das Gewand (Schnitt siehe Abb. 60, S. 80) aus weichem, himmelblauem Stoff zu. Hefte das Gewand entlang der U-förmigen Linie (siehe Zeichnung), doch ziehe den Heftfaden noch nicht an. Lege den Mantel bei Punkt A (schlage ihn zuvor ein wenig ein) straff gegen die Stirn und nähe ihn auf der Rückseite am Hals fest. Lasse die beiden Falten an den Seiten des Kopfes vor den Ohren entlanglaufen, bis sie unterhalb des Kinns zusammenkommen. Hebe den Stoff hinten in der Mitte etwas an, indem der Heftfaden am Hals etwas angezogen wird, und nähe ihn bei Punkt B fest. Drapiere den Mantel um Maria und achte darauf, daß genügend Raum bleibt für das Kind, das sie in den Armen hält. Das rote Untergewand bleibt auf der Vorderseite sichtbar. Nähe den Mantel an den Handgelenken fest, nicht ohne ihn vorher ein wenig einzuschlagen. Säume die jetzt noch losen Stoffteile mit kleinen Stichen oder schlage den unteren Rand in das Innere des Kegels um, wo er angeklebt wird.

Das Kind

Mache einen Knoten in ein 0,5 cm breites Kammgarnband. Lege die Enden aufeinander, der Knoten bildet den Kopf. Schneide die Enden gemeinsam auf eine Länge von 2,5 cm ab. Lege ein Stoffläppchen von 10 x 10 cm (am besten aus zartfarbiger Seide!), wie zuvor bei Maria, um das Köpfchen herum. Den Leib erhalten wir, indem wir den Stoff zu einem Kokon von 3 cm Länge falten bzw. wickeln und das Ganze mit kleinen Stichen zunähen (Abb. 62, S. 81).

Die drei Könige

Am 6. Januar bekommen Maria, Joseph und das Kind Besuch von den drei Weisen, den Königen aus fernen Landen. Sie haben den Weg zum Stall gefunden im Vertrauen auf ihren Stern.
Die drei Könige erhalten ein weites Untergewand.

König Melchior, der älteste, erhält einen roten Mantel und einen grauen Bart. Sein Geschenk ist das rote Gold.
König Balthasar, der mittlere, hat einen blauen Mantel. Sein Geschenk ist der Weihrauch.
König Kaspar, der jüngste, ist der schwarze König. Er bekommt einen grünen Mantel. Sein Geschenk ist die Myrrhe.
Schneide die Mäntel nach dem Schnitt auf (Abb. 58, S. 76) zu. Wähle einen «königlichen» Stoff, z.B. Samt, Filz oder Seide. Da Samt relativ dick ist, läßt er sich schwer säumen. Darum werden die Ränder mit Textilleim nach innen geklebt. Filz braucht nicht gesäumt zu werden. Die Mäntel können mit Goldfaden verziert werden.
Als Geschenke eigenen sich: ein Kupferglöckchen, ein bauchiger Knopf, eine winzigkleine Christbaumkugel, eine kleine Schachtel aus

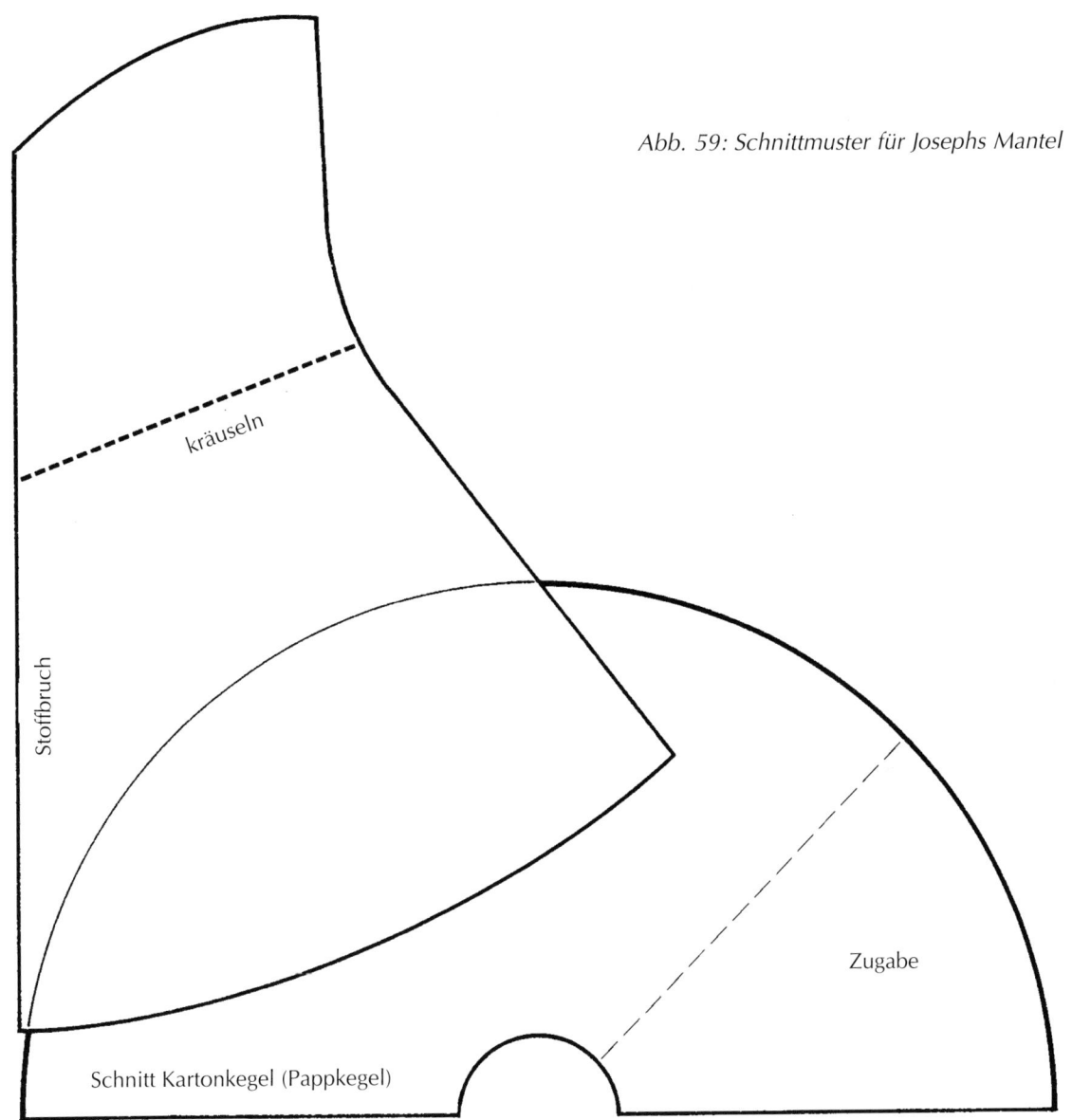

Abb. 59: Schnittmuster für Josephs Mantel

kräuseln

Stoffbruch

Zugabe

Schnitt Kartonkegel (Pappkegel)

79

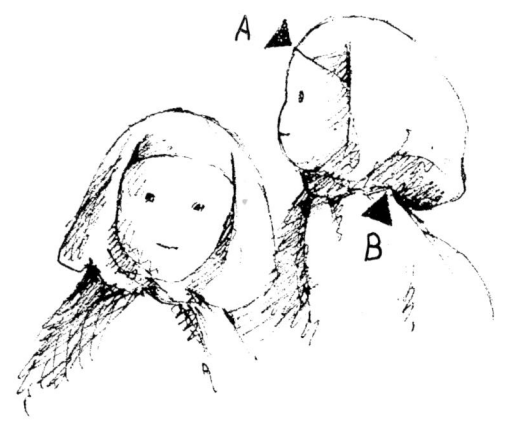

Goldpapier, ein mit Goldfarbe bemaltes Spielzeugbecherchen aus dem Puppenhaus, goldbemalte Früchte der Erle, Eiche, Eukalyptus usw.

Nachdem die Könige Abschied genommen haben, machen sich Maria, Joseph und das Jesuskind auf den Weg nach Ägypten. Allmählich verabschieden sie sich vom Jahreszeiten-Tisch.

Der Stern, der den weisen Königen den Weg wies, scheint bis zum 2. Februar. Dann ist es Mariä Lichtmeß; die Tage sind inzwischen schon wieder so lang geworden, daß wir alle Reste der Kerzen, die wir in der dunklen Weihnachtszeit angezündet hatten, mit einem Mal abbrennen.

Abb. 60: Drappieren von Marias Gewand

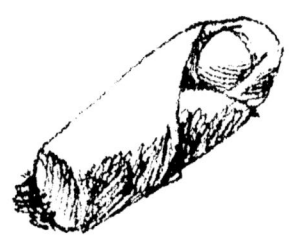

Abb. 61: Wickeln des Kindes

80

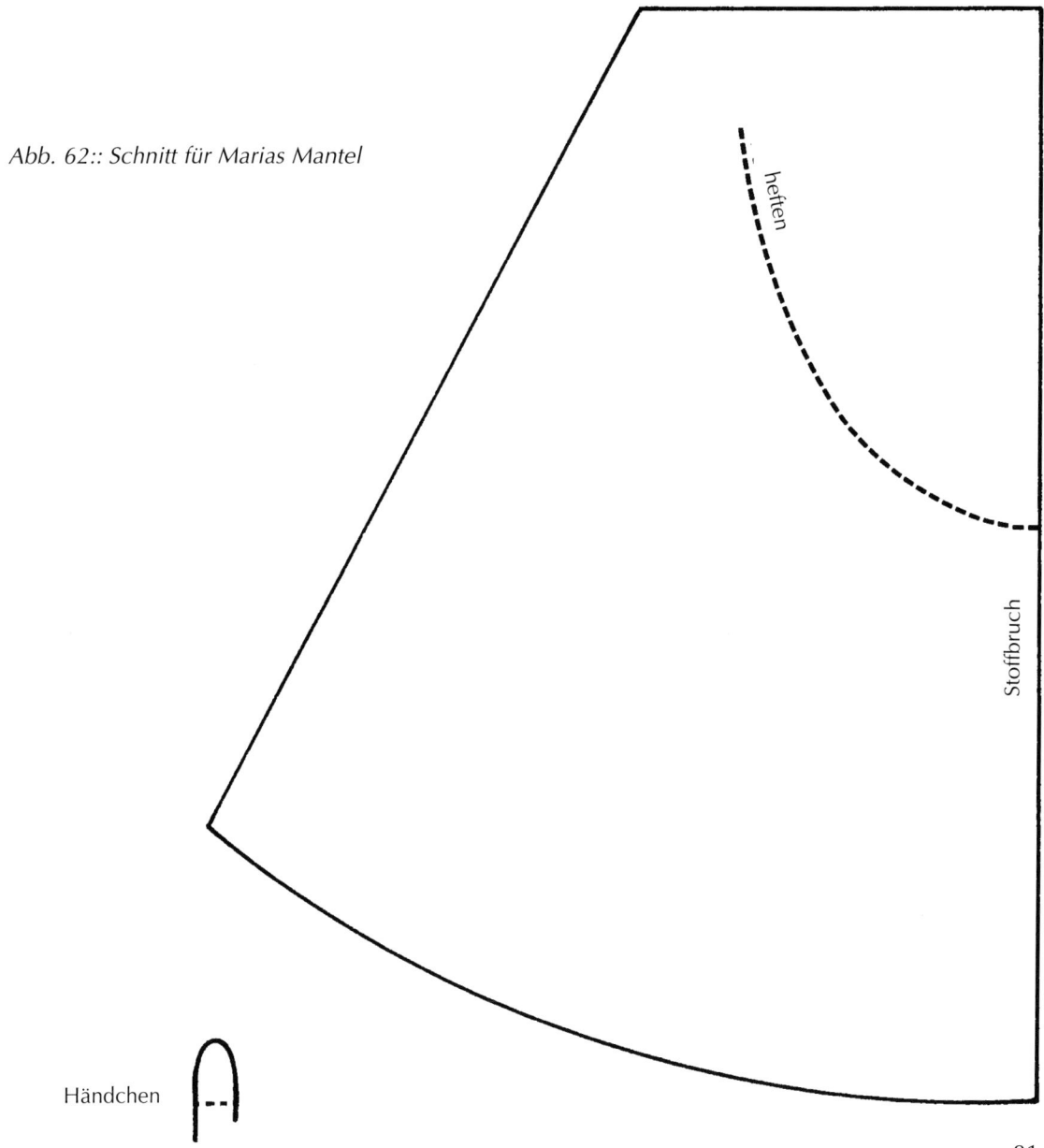

Abb. 62:: Schnitt für Marias Mantel

heften

Stoffbruch

Händchen

Winter

Wenn es anfängt zu schneien und die Erde mit einem weißen Mantel bedeckt ist, hat König Winter das Regiment übernommen. Der Frost macht die Luft klar. Schneeflocken schweben wie Kristallsterne herab. Die Kinder freuen sich über jeden Moment, den sie draußen verbringen können, denn schneller als man denkt kann Mütterchen Tau kommen und mit ihrem Besen der ganzen Freude ein Ende machen.

König Winter

Material:

ein Stück Untertrikot, 15 x 15 cm
ein Stück blaß-rosa Puppentrikot, 8,5 cm breit und 10 cm hoch
ein Restchen blaß-rosa Puppentrikot für die Hände
Füllwolle
ein Ständer, 15 cm hoch (Anfertigung siehe S.12)
40 cm Eisendraht Nr. 4
ein Stück weißen oder grauen Stoff, 22 x 32 cm, für das Gewand
ein Stück weißen, wolligen Stoff (30 x 40 cm) für einen Mantel mit Schleppe *oder*
ein Filzstück (15 x 26 cm) für einen Mantel mit Eiszapfen
ein rundes Stoffstück, Durchmesser 26,5 cm, für das Untergewand
gekämmte ungesponnene weiße Wolle oder Ramie, für die Haare
ein Stück Silberkarton, 15 x 5 cm
ein Stück Silberpapier, 5 x 7 cm

Arbeitsanleitung:

Mache einen Puppenkopf von 12 cm Längsumfang (siehe S. 13). Setze den Kopf auf den Ständer und binde die Trikotenden des Kopfes mit einem Faden unter Verwendung des vorgebohrten Löchleins am Ständer fest, so daß er nicht mehr herunterrutschen kann. Die Gesamthöhe muß 18 cm betragen. Biege das Armteil aus Eisendraht, dessen Enden nach innen gebogen werden. Das Armteil ist 18 cm lang. Nähe es etwa 1 cm unterhalb des Kopfes gut auf dem Rücken fest. Umwickle die Arme mit Füllwolle, so daß sie etwas fülliger werden.
Übertrage die Hände vom Schnitt auf doppelt gelegten Stoff (Abb. 63, S. 84). Nähe sie zusammen, schneide sie aus und wende sie. Schiebe sie über die Enden des Armteils und binde sie um die Handgelenke ab.
Schneide das Untergewand zu. Hefte es rundum, 1 cm vom Kreisrand entfernt. Stelle den Ständer in die Mitte des Stoffstücks und ziehe den Heftfaden an. Befestige das Untergewand in Höhe der Taille.
Schneide das Obergewand (Schnitt siehe Abb. 63, S. 84) mit einer kleinen Nahtzugabe zu. Nähe die Seitennähte der Ärmel. Ziehe 1/2 cm vom Halsrand entfernt einen Reihfaden ein, lasse aber Nadel und Faden daran hängen. Lege König Winter sein Gewand an, ziehe den um die Halsöffnung verlaufenden Heftfaden an, wobei die unsaubere Kante zuerst nach innen umgeschlagen wird, und nähe das Gewand fest. Schlage die Ärmel etwas ein und nähe sie um die Handgelenke herum fest. Säume das Gewand.
Wir können wählen zwischen einem Mantel mit Schleppe oder einem Mantel mit Eiszapfen. Zur Anfertigung eines Mantels mit Schleppe wird ein

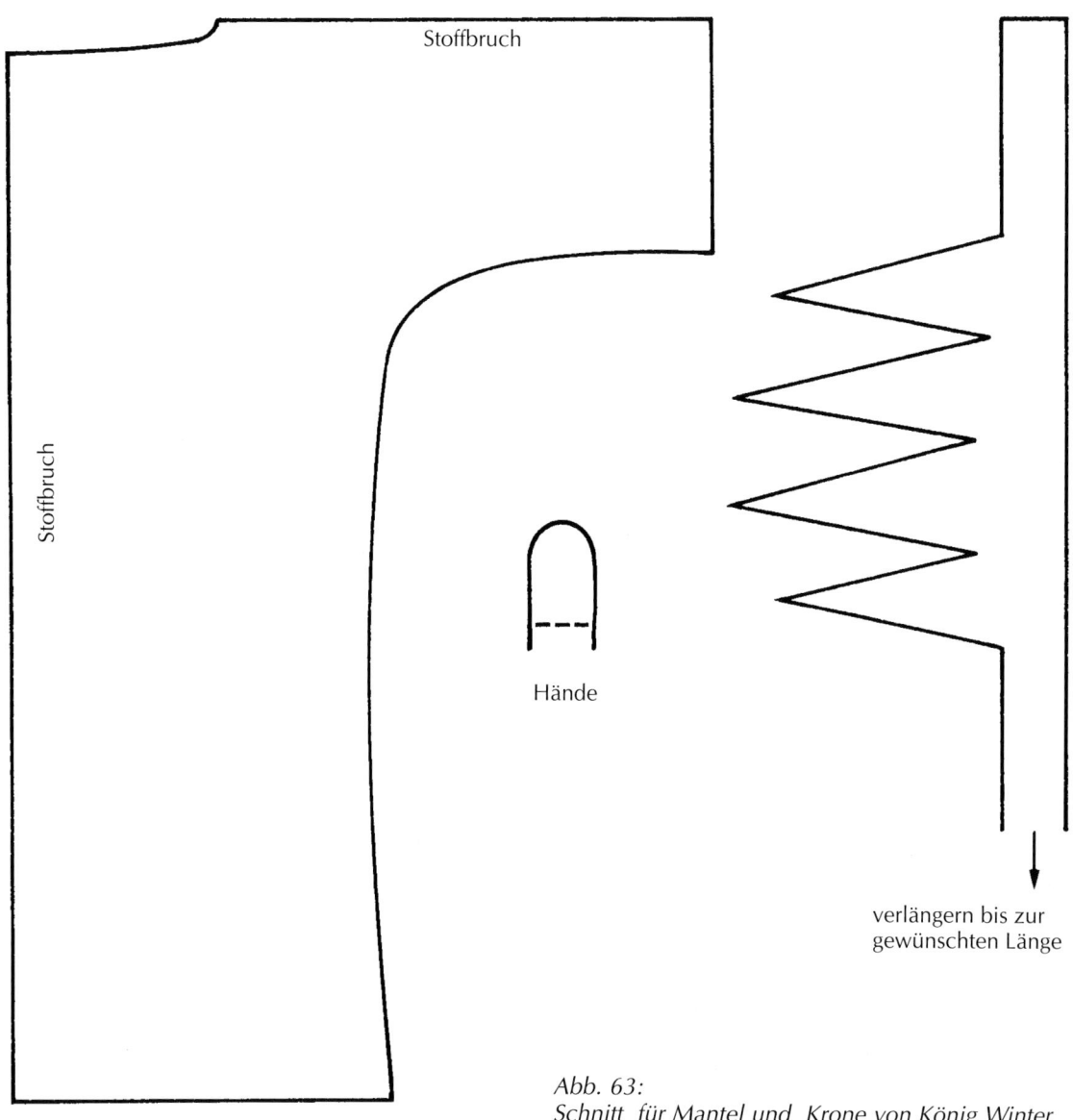

Stoffbruch

Stoffbruch

Hände

verlängern bis zur
gewünschten Länge

Abb. 63:
Schnitt für Mantel und Krone von König Winter

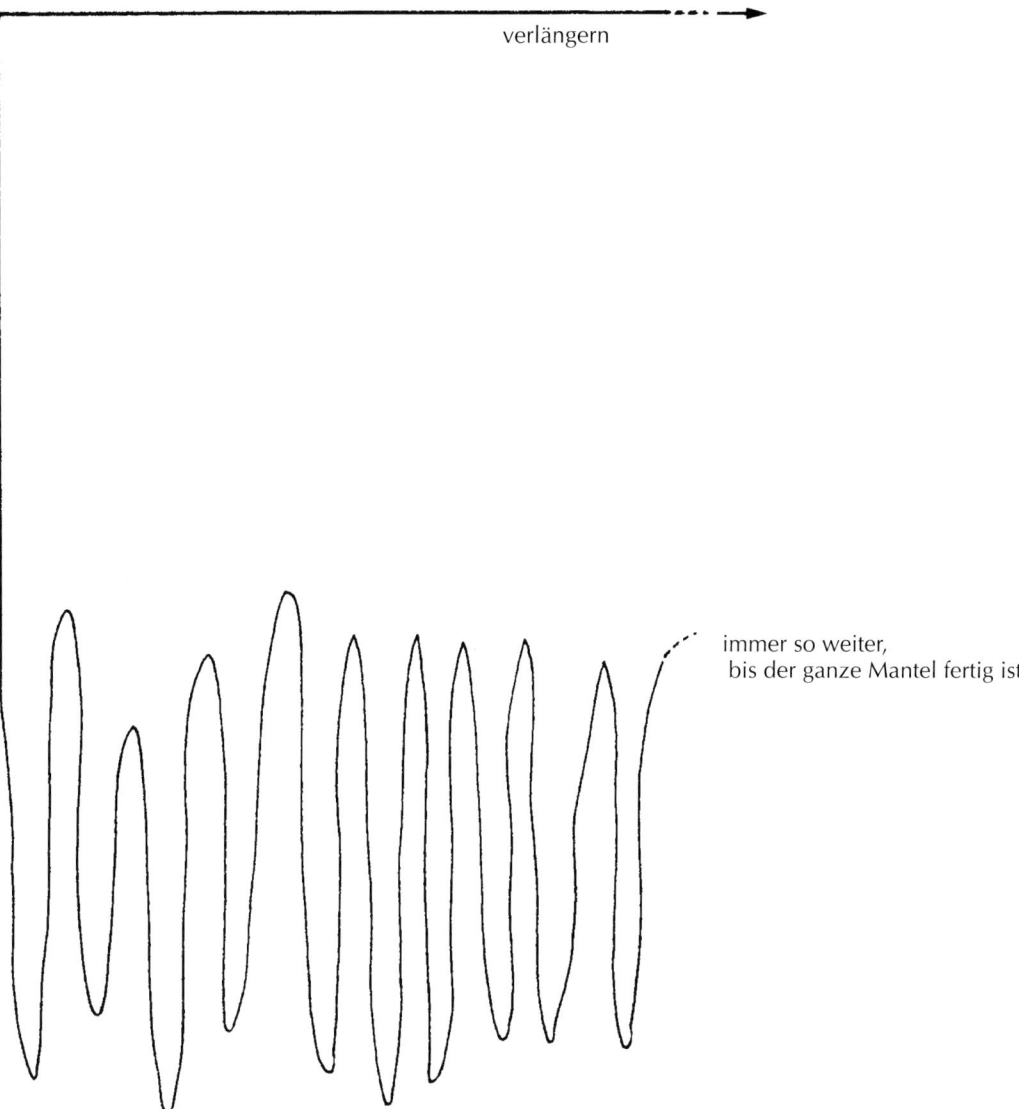

verlängern

immer so weiter,
bis der ganze Mantel fertig ist

Abb. 64: Schnitt für Eiszapfenmantel von König Winter

85

30 cm breites Stoffstück, dessen Unterseite rund zugeschnitten ist, eingesäumt. Der Eiszapfenmantel wird nach dem Schnitt (Abb. 64, S. 85) aus Filz zugeschnitten. Bei beiden Mänteln wird die obere Kante gekräuselt. Dann kann der jeweilige Mantel um den Hals herum angenäht werden.

Jetzt kommen Augenbrauen, Schnurr- und Eisbart an die Reihe. Die stellen wir aus kleinen Büscheln ungesponnener Wolle oder Ramie her, welche nicht zugeschnitten, sondern mit der Hand auseinandergepflückt werden; so werden die Haare viel schöner. Die Büschel werden einmal in der Mitte gefaltet, so lassen sie sich besser festnähen.

Für die Haare zerpflücken wir ein Ramie- oder Wollbüschel von ungefähr 20 cm Länge. Lege es mit der Mitte auf den Kopf und nähe einen Scheitel mit Stickstichen. Die Haare werden nur oben auf dem Kopf festgenäht, der Rest läßt sich dann leicht verteilen.

Schneide die Krone nach der Vorlage (Abb. 63, S. 84) zu, oder aber nach einem eigenen Entwurf. Nach vorheriger Anprobe wird sie zusammengeklebt und dem König aufgesetzt.

König Winter bekommt hellblaue Augen aufgemalt.

Sein Zepter ist ein um ein Stück Schaschlikspieß gerolltes Stückchen Silberpapier. Nähe das Zepter in die rechte Hand des Königs ein. In seiner linken Hand hält er einen Reichsapfel, einen Schneeball, der aus ein wenig zusammengeknäultem und dann festgenähtem Ramie gemacht wird.

Nun kann König Winter seinen Thron besteigen.

Mütterchen Tau

Mütterchen Tau läßt keine Gelegenheit vorbeigehen, den Schnee zur Seite zu fegen. Doch König Winter läßt sich nicht so ohne weiteres durch einen Besen vertreiben – er bedeckt alles rasch wieder mit neuem Schnee. Und doch wird er sich irgendwann wieder in den hohen Norden zurückziehen müssen. – Wenn die Zeit für den Frühling gekommen ist, räumt Mütterchen Tau mit Schnee und Eis auf. Mit einer frischen Schürze angetan, erwartet sie die Frühlingsfee.

Material:

Füllwolle
ein Stück weiches Untertrikot, 15 x 15 cm
ein Stück lachsfarbenes Puppentrikot, 8,5 cm breit und 10 cm lang
ein Rest Puppentrikot für die Händchen
ein Holzständer, 14 cm hoch (siehe S. 12)
40 cm Eisendraht Nr. 4 (Dicke 0,8 cm)
graubraune Strickwolle für die Haare

Für die Kleidung nehmen wir am besten graue Farben:
für die Bluse 22 x 16 cm
für den Rock 38 x 14 cm
für die Schürze 11 x 11 cm mit einem Bändchen von 22 x 3 cm
eine zweite Schürze in frischen Farben
ein Stück Stoff, 25 x 13 cm, für den Mantel
ein Stück Stoff für die Kapuze, 16 x 7 cm
ein kleiner Druckknopf
ein Stoffrest für den Mantel
ein Bällchen Bienenwachs für die Schuhe
kleine Zweige für den Besen
ein Stück Eisendraht, 0,1 cm dick

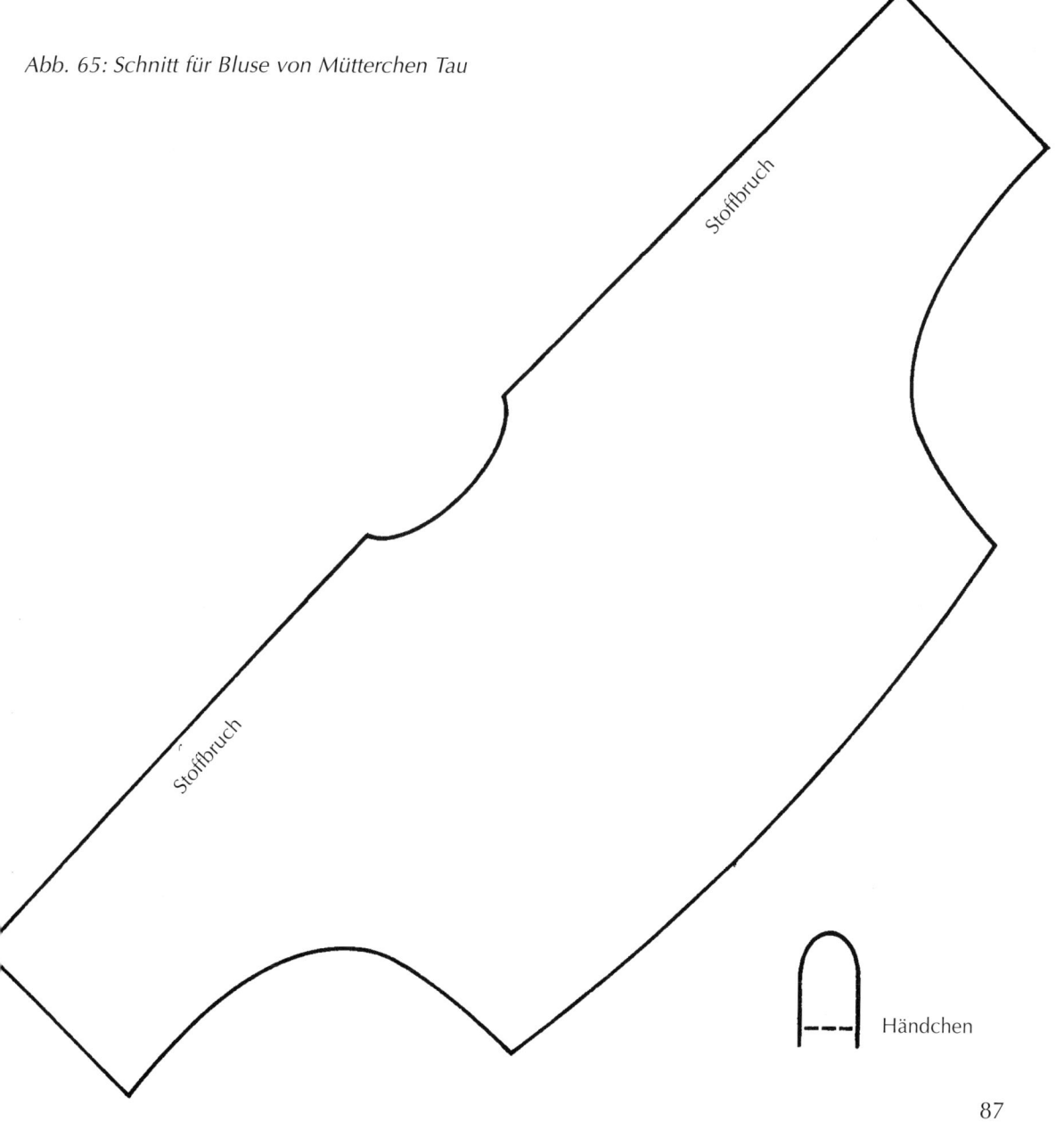

Abb. 65: Schnitt für Bluse von Mütterchen Tau

Stoffbruch

Stoffbruch

Händchen

87

Arbeitsanleitung:

Mache ein Puppenköpfchen mit 12 cm Längsumfang (S. 13). Mütterchen Tau darf eine Nase und Linien um den Mund herum haben. Das Köpfchen wird mit den herunterhängenden Trikotresten am Ständer befestigt. Stich auch ein paarmal durch das vorgebohrte Loch, damit es nicht heruntergleiten kann. Gesamthöhe 18 cm. Fertige das Armteil aus Eisendraht an. Der Draht wird auf beiden Seiten zur Mitte hin umgebogen, bis das Armteil eine Gesamtlänge von 18 cm hat. Es wird am Rücken ca. 1 cm unterhalb des Kopfes angenäht. Umwickle die Arme mit etwas Füllwolle, so daß sie fülliger werden.

Die Hände werden nach der Vorlage (Abb. 65, S. 87) auf doppelt gelegten Stoff übertragen und auf der vorgezeichneten Linie zusammengenäht. Schneide sie aus und wende sie um. Schiebe die Hände über die Endstücke der Armteile und nähe sie gut an den Handgelenken fest.

Schneide die Bluse nach der Vorlage mit einer kleinen Nahtzugabe zu, nähe sie zusammen und schneide sie hinten in der Mitte auf. Die Halsöffnung wird, mit einem kleinen Einschlag, ringsum gekräuselt; den Faden nicht abschneiden. Ziehe Mütterchen Tau die Bluse an, ziehe den Faden um den Hals herum an und vernähe ihn. Nähe die Bluse hinten in der Mitte wieder zu. Die Ärmel werden gekräuselt und an den Handgelenken festgenäht.

Schneide den Rock nach der Vorlage zu und säume die untere Kante. Nähe die Hinterseite zu und ziehe auf der Oberseite einen doppelten Reihfaden ein. Die unsaubere Kante wird nach innen geschlagen. Ziehe Mütterchen Tau den Rock über die Bluse an, ziehe den Heftfaden an und vernähe ihn gut. Säume das Schürzchen an den beiden Seiten und der unteren Kante. Kräus-

le den oberen Rand, lege das Bändchen mittig auf die Mitte der Schürze, nähe es ein und säume es ringsum. Die zweite Schürze wird nach demselben Verfahren angefertigt.

Nun die Haare: Schneide einige 24 cm lange Strickwollfäden zu und bedecke den Kopf ganz damit. Mit einem dieser Fäden wird mit Stickstichen ein Mittelscheitel über die auf den Kopf gelegten Wollsträhnen genäht. Lasse ein paar Haarfäden unordentlich über das Gesicht fallen. Mütterchen Tau bekommt einen Knoten: Einige Fäden werden auf den Hinterkopf gezogen und zu einem Knoten zusammengedreht, der mit ein paar Stichen befestigt wird.

Säume Unterkante und Seiten des Mantels, kräusle die Oberkante. Eine der Längsseiten der Kapuze wird zur Vorderseite bestimmt und gesäumt. Lege sie doppelt und nähe die Rückseite zu. Lege die gekräuselte Seite des Mantels auf die Halsseite der Kapuze und nähe sie zusammen. Aus einem kleinen Stoffrest wird eine kleine «Lippe» genäht und unterhalb des Kinns an den Mantel angenäht. Darauf wird ein Druckknopf genäht. Wenn es Frühling wird, muß Mütterchen Tau ihren Mantel ablegen können.

Modelliere aus Bienenknetwachs ein Paar ordentliche Schuhe und klebe sie auf die Fußplatte des Ständers.

Den Besen fertigen wir aus einem Zweig von 15 cm Länge und verschiedenen anderen Zweigen von je 7 cm an. Binde den Besen mit Eisendraht zusammen (0,1 cm Ø) und nähe ihm Mütterchen Tau in die Hand.

Mütterchen Tau kehrt mit ihrem Besen die Erde sauber. Dann weckt Mutter Erde, tief unter dem Erdboden zwischen den Wurzeln der Bäume, ihre kleinen Wurzelkinder…

Literaturhinweise

Emil Bock: Der Kreis der Jahresfeste. Verlag Urachhaus, 4. Auflage Stuttgart 1981.

Karlheinz Flau: Die Dreiheit im Jahreslauf. Verlag Freies Geistesleben, 2. Auflage Stuttgart 1985.

Freya Jaffke: Advent. Verlag Freies Geistesleben, 5. Auflage Stuttgart 1986.

Freya Jaffke: Spielzeug von Eltern selbst gemacht. Verlag Freies Geistesleben, 16. Auflage Stuttgart 1989.

Christiane Kutik, Eva-Maria Ott-Heidmann: Das Jahreszeitenbuch. Verlag Freies Geistesleben, 4. Auflage Stuttgart 1990.

Johanna-Veronika Picht: Zwerge. Verlag Freies Geistesleben, 10. Auflage Stuttgart 1987.

Rudolf Steiner: Der Jahreskreislauf als Atmungsvorgang der Erde. Rudolf Steiner Verlag, 5. Auflage Dornach 1980.

Werkbücher für Kinder, Eltern und Erzieher

1 Wir spielen Schattentheater

Anregungen für eine einfache Bühne, kleine Szenen und drei Märchenspiele. Mit zahlreichen Zeichnungen und Scherenschnitten von *Erika Zimmermann*.
72 Seiten, kartoniert

2 Advent

Praktische Anregungen für die Zeit vor Weihnachten. Zusammengestellt von *Freya Jaffke*. Mit Zeichnungen von Christiane Lesch und farbigen Abbildungen.
59 Seiten, kartoniert

3 Bilderbücher mit beweglichen Figuren

Anregungen und Anleitung zum Selbermachen, von *Brunhild Müller*.
57 Seiten, kartoniert

4 Wir spielen Kasperle-Theater

Die Bedeutung des Kasperle-Spiels, die Herstellung von Puppen und Bühne und zehn kleine Szenen. Von *A. Weissenberg-Seebohm*, *C. Taudin-Chabot* und *C. Mees-Henny*. Aus dem Holländischen von Arnica Esterl.
92 Seiten mit 7 farbigen und 56 schwarzweißen Abbildungen, kartoniert

5 Mit Kasperle durch das Jahr

Vier große Kasperle-Stücke, von *A. Weissenberg-Seebohm*. Aus dem Holländischen von Arnica Esterl.
56 Seiten, kartoniert

6 Geometrische Körper aus Stroh selbstgemacht

Von *Walter Kraul*.
46 Seiten mit zahlreichen Abbildungen, kartoniert

Verlag Freies Geistesleben

Werkbücher für Kinder, Eltern und Erzieher

7 Spielen mit Wasser und Luft

Von *Walter Kraul.*
70 Seiten mit zahlreichen Zeichnungen und Fotos, kartoniert

8 Spielen mit Feuer und Erde

Von *Walter Kraul.*
59 Seiten mit zahlreichen Zeichnungen und Fotos, kartoniert

9 Malen mit Wasserfarben

Von *Brunhild Müller.*
49 Seiten mit zahlreichen farbigen Abbildungen, kartoniert

10 Kinderbekleidung

Von *Ulrich Rösch* und *Traute Nierth.*
92 Seiten mit zahlreichen farbigen und schwarzweißen Abbildungen, kartoniert

11 Pflanzenfärben ohne Gift

Neue Rezepte zum Färben von Wolle und Seide.
Von *Eva Jentschura,* mit Illustrationen von Heidi-Charlotte Geister.
56 Seiten mit zahlreichen Abbildungen, kartoniert

12 Gestalten mit farbiger Wolle

Von Dagmar Schmidt und Freya Jaffke.
80 Seiten mit zahlreichen farbigen Fotos, kartoniert.

Verlag Freies Geistesleben

Arbeitsmaterial aus den Waldorfkindergärten

1 Spielzeug – von Eltern selbstgemacht

Von *Freya Jaffke*.
100 Seiten mit zahlreichen Zeichnungen, kartoniert

2 Getreidegerichte – einfach und schmackhaft

Anregungen und Rezepte. Von Freya *Jaffke*.
52 Seiten, kartoniert

3 Färben mit Pflanzen

Textilien selbst gefärbt. Historisches und Rezepte für heute, dargestellt und illustriert von *Renate Jörke*.
71 Seiten, kartoniert

4 Singspiele und Reigen

für altersgemischte Gruppen. Aus dem Waldorfkindergarten Hamburg, zusammengestellt von *Suse König*.
56 Seiten, kartoniert

5 Kleine Märchen und Geschichten

zum Erzählen und für Puppenspiele. 55 Seiten, kartoniert

6 Rhythmen und Reime

Gesammelt bei der Vereinigung der Waldorfkindergärten Stuttgart. 64 Seiten, kartoniert

7 Puppenspiel

Anleitungen für die Einrichtung verschiedener Spielmöglichkeiten und die Herstellung einfacher Figuren. Von *Freya Jaffke*. 68 Seiten, kartoniert

8 Hänschen Apfelkern

Kleine Märchen und Geschichten zum Erzählen und Spielen. Gesammelt und bearbeitet von *Bronja Zahlingen*.
50 Seiten, kartoniert

Verlag Freies Geistesleben

Arbeitsmaterial aus den Waldorfkindergärten

9 Zwerge

Wie man sie sieht, wie man sie macht, wie man mit ihnen umgeht. Zusammengestellt von *Johanna-Veronika Picht*. 54 Seiten, kartoniert

10 Tanzt und singt!

Rhythmische Spiele im Jahreslauf. Zusammengestellt von *Freya Jaffke*, mit Zeichnungen von Christiane Lesch. 100 Seiten, kartoniert

11 Das spielende Kind

Beobachtungen und Erfahrungen einer Kindergärtnerin. Von *Ingeborg Haller*. Mit Zeichnungen von Almuth Regenass-Haller. 67 Seiten, kartoniert

12 Spiel mit uns!

Gesellige Spiele für Kinder von 3 – 6 Jahren. Von *Freya Jaffke.* Mit Zeichnungen von Christiane Lesch. 80 Seiten, kartoniert

13 Spielen und arbeiten im Waldorfkindergarten

Von *Freya Jaffke.*
65 Seiten mit farbigen Fotos, kartoniert

14 Feste im Kindergarten und Elternhaus Teil 1

Advent – Weihnachten – Drei Könige – Fasching. Von Freya Jaffke. Mit 10 farbigen Illustrationen von Christiane Lesch. 80 Seiten, kartoniert

15 Feste im Kindergarten und Elternhaus Teil 2

Ostern – Pfingsten – Johanni – Michaeli – Laternenfest. Von Freya Jaffke. Mit 17 farbigen Illustrationen von Christiane Lesch. 80 Seiten, kartoniert

Verlag Freies Geistesleben

Die große Dokumentation der Waldorfpädagogik:

Erziehung zur Freiheit

Die Pädagogik Rudolf Steiners.
Bilder und Berichte aus der internationalen
Waldorfschulbewegung
Text: Frans Carlgren
Bildredaktion: Arne Klingborg

264 Seiten, 72 farbige und 46 schwarzweiße
Abbildungen, kartoniert

Verlag Freies Geistesleben

«Eine erstmalige umfassende Dokumentation der gesamten Waldorfpädagogik.»
Alle Fragen, die man an die Waldorfschule stellt, werden klar und konkret beantwortet. Alle Gebiete, vom Kindergarten bis zum Schulaustritt, der Epochen-Unterricht, der Zeugnis- und Prüfungsverzicht, das künstlerische Prinzip, die Lehrerbildung, werden durch farbige Abbildungen verständlich gemacht. Das Werk zeigt auch, daß man an diesen Schulen die Kinder weder zu Künstlern noch zu Anthroposophen machen will.

Nationalzeitung, Basel

Es ist eine Lust, in dem reich bebilderten, großzügig angelegten Buch zu blättern und die Schülerarbeiten der verschiedenen Altersstufen zu betrachten. Und es ist ein lohnendes Unterfangen, sich in die sorgfältig gegliederten und systematisch dargebotenen Texte zu vertiefen. Nichts, worüber da nicht informiert würde von den Grundzügen der Waldorfpädagogik …

Neue Württemberger Zeitung

Die einzelnen Abschnitte, sachkundig gegliedert und illustriert, behandeln den gesamten Komplex der Unterrichts- und Erziehungsweise, die in den Waldorfschulen gepflegt wird … Wir möchten diese Dokumentation in die Hand eines jeden Lehrers legen …

Literaturspiegel für wissenschaftliche Literatur und Sachbücher

**In gleicher Austattung
sind erschienen**

Verlag Freies Geistesleben

Frühjahrsschmuck

Anregungen zum Basteln und Schmücken
von *Thomas und Petra Berger*
88 Seiten mit zahlreichen farbigen Abbildungen
und Fotos, gebunden

Herbstschmuck

Anregungen zum Basteln und Schmücken
von *Thomas Berger*
80 Seiten mit zahlreichen Abbildungen und farbigen Fotos, gebunden

Weihnachten

Anregungen zum Basteln und Schmücken
von *Thomas Berger*
86 Seiten mit zahlreichen farbigen Abbildungen
und Zeichnnungen, gebunden

Laßt Schmetterlinge fliegen!

Praktische Anregungen zur Schmetterlingszucht für
Eltern und Kinder von *Peter Lange*
67 Seiten mit zahlreichen farbigen Fotos von
Gerhard Sturm, gebunden

Transparente Bilder und Rosetten

Basteln mit Seitenpapier. Von *Helga Meyerbröker.*
77 Seiten mit zahlreichen Abbildungen, gebunden

Das Puppenspielbuch

Praktische Anleitungen und Geschichten von
Christiane Kutik. 112 Seiten mit 50 farbigen und
20 schwarzweißen Abbildungen, gebunden